保育内容総論

新 基本保育シリーズ 14

監修
公益財団法人
児童育成協会

編集
石川 昭義
松川 恵子

中央法規

新・基本保育シリーズ
刊行にあたって

　認可保育所を利用したくても利用できない、いわゆる「保育所待機児童」は、依然として社会問題になっています。国は、その解消のために「子育て安心プラン」のなかで、保育の受け皿の拡大について大きく謳っています。まず、2020年度末までに全国の待機児童を解消するため、東京都ほか意欲的な自治体への支援として、2018年度から2019年度末までの2年間で必要な受け皿約22万人分の予算を確保するとしています。さらに、女性就業率80％に対応できる約32万人分の受け皿整備を、2020年度末までに行うこととしています。

　子育て安心プランのなかの「保育人材確保」については、保育補助者を育成し、保育士の業務負担を軽減するための主な取り組みとして、次の内容を掲げています。

・処遇改善を踏まえたキャリアアップの仕組みの構築
・保育補助者から保育士になるための雇上げ支援の拡充
・保育士の子どもの預かり支援の推進
・保育士の業務負担軽減のための支援

　また、保育士には、社会的養護、児童虐待を受けた子どもや障害のある子どもなどへの支援、保護者対応や地域の子育て支援など、ますます多様な役割が求められており、保育士の資質および専門性の向上は喫緊の課題となっています。

　このような状況のなか、2017（平成29）年3月の保育所保育指針、幼稚園教育要領、幼保連携型認定こども園教育・保育要領の改定・改訂、2018（平成30）年4月の新たな保育士養成課程の制定を受け、これまでの『基本保育シリーズ』を全面的に刷新し、『新・基本保育シリーズ』として刊行することになりました。

　本シリーズは、2018（平成30）年4月に新たに制定された保育士養成課程の教科目の教授内容等に準拠し、保育士や幼稚園教諭など保育者に必要な基礎知識の習得を基本に、学生が理解しやすく、自ら考えることにも重点をおいたテキストです。さらに、養成校での講義を想定した目次構成になっており、使いやすさにも配慮しました。

　本シリーズが、保育者養成の現場で、保育者をめざす学生に広く活用されることをこころから願っております。

　　　　　　　　　　　　　　　　　　　　　　　公益財団法人　児童育成協会

はじめに

　このたび、2019（平成31）年4月から適用される保育士養成課程に合わせて、本書を刊行することとなった。旧『基本保育シリーズ⑮ 保育内容総論 第2版』を発行した際、新しい保育所保育指針（以下、保育指針）が2018（平成30）年4月1日から適用されることに合わせて内容を改めたところであるが、リニューアルにあたっては、その内容を引き継ぎつつ、最新の状況を盛り込んだ。

　本書は、わが国の保育士養成課程において必修科目の一つとなっている「保育内容総論」のテキストとして作成されたものである。この「保育内容総論」（演習：1単位）は、このたびの新しい保育士養成課程においても必修科目の1つとなっている。

　厚生労働省が「教科目の教授内容」において示している、この科目の〈目標〉は次の4つである。
1　保育所保育指針における「保育の目標」「育みたい資質・能力」「幼児期の終わりまでに育ってほしい姿」と「保育の内容」の関連を理解する。
2　保育所保育指針の各章のつながりを読み取り、保育の全体的な構造を理解する。
3　子どもの発達や生活を取り巻く社会的背景及び保育の内容の歴史的変遷等を踏まえ、保育の内容の基本的な考え方を、子どもの発達や実態に即した具体的な保育の過程（計画・実践・記録・省察・評価・改善）につなげて理解する。
4　保育の多様な展開について具体的に理解する。

　本書では、上記の目標を達成するために示されている〈内容〉の項目に沿って、15の講を設けている。すべての講が3つのStepから構成されており、Step1では保育指針を含めて講のテーマごとに基本となる要素を解説し、Step2では演習課題を用意している。演習形態の授業の特徴は、グループで議論したり、発表したりして、活発な雰囲気のなかで多角的な視点から理解を深めることである。Step3では、こうした討論のあとで課題の整理ができるように工夫している。

　指定保育士養成施設（以下、養成校）によっては、本科目「保育内容総論」の配当学年が異なっている。読者には、どの学年であっても、あるいは保育実習の前であっても後であっても、養成校における他の教科目で学習したこととつなぎ合わせ、自らの経験をつき合わせながら、演習課題を繰り返し行って、そのときの自分の考え方を確かめていただければ幸いである。

この科目の〈目標〉の1つ目にあるように、保育指針第1章（総則）において、「育みたい資質・能力」と「幼児期の終わりまでに育ってほしい姿」が記載されたことは大きな変化である。それらの記述は、幼稚園教育要領および幼保連携型認定こども園教育・保育要領と統一されたものであり、保育所保育における幼児教育の積極的な位置づけがなされるとともに、小学校教育への円滑な接続を強く意識した内容になった。

　養護と教育を一体的に行うことは保育所保育の特性とされている。しかし、養護の理念は、幼い子どもの発達にとってたとえ保育所以外の場であっても、欠かすことのできない人間の基本であり、幼児教育の基盤となるものである。子どもが保育者から温かく受け止めてもらい、励ましてもらうことの人間的な意味を考えることがとても大切になってくる。

　保育内容を考える際には、この養護と教育が切り離すことのできないものであることに留意しつつ、次代を担う子どもたちが、自らの豊かな人生を切り拓いていくためにどのような経験を積み重ねていくことが大切なのか、また必要なのかについて考えていかなければならない。本書が、このような課題に対する解決の緒（いとぐち）を少しでも提供できるものであれば幸いである。

　保育内容は、文字どおり「内容」であると同時に「方法」でもあり「実践」でもある。保育者自らの実践は、子どもの命を守り、子どもの力を引き出しながら、保育の価値を生み出していくものである。それらの価値の担い手となる読者の活躍に大いに期待したい。

　本書が多くの方々にご活用いただくことを願うとともに、お気づきの点があればご意見をお寄せいただきたい。それらを新しい時代を担う保育者の養成教育に反映しつつ、教育・保育の充実と発展に貢献していきたい。

2019年1月

石川昭義

本書の特徴

- 3Stepによる内容構成で、基礎から学べる。
- 国が定める養成課程に準拠した学習内容。
- 各講は見開きで、見やすく、わかりやすい構成。

Step1 レクチャー

基本的な学習内容
保育者として必ず押さえておきたい基本的な事項や特に重要な内容を学ぶ

Step3

1. 保育の内容への視点——計画の立案の視点と実践のなかの視点

Step 2 の「川遊び」は、水深10センチほどの流れの緩やかな場所で行われた。保育士の記録には、「水の冷たさ、気持ちよさを感じ笑顔になる」「保育士と一緒に川の中を歩きながら、大きく足を上げると"バシャバシャ"という音がすることに気づき笑顔になる」とあった。特に川という場所として、子どもの安全と健康には十分気をつけなければならないが、自然へのかかわりのなかで、感性のみならず、保育士との関係性など、多くのことが経験されている。

「芝すべり」の保育士の記録には、「ダンボールを縦く長めにしたことで二人乗りをしたり、寝転がったり後ろ向きでうつぶせになったりと、子どもたちが工夫して遊ぶことができていた」「園に帰ると、楽しかったことを異年齢児にうれしそうに話す姿があったので、次回は4歳児と一緒に滑ってみようと思う。滑り方やコツを教え合い、いい触れ合いの時間がもてるのではないか」と、子どもの工夫に感心するとともに、この先を見通した振り返りが行われていた。

このように、保育者は保育実践のなかで子どものなかで何が経験されているか、何が育ちつつあるのかという視点をもってみることが大切である（実践のなかの視点）。しかし、この実践の前に指導計画の立案がなされたのであり、その時点で保育者は保育のねらいをもっていたことであろう（計画の立案の視点）。すなわち、保育者はある時差をもって、2つの視点から、目の前の子どもたちをみていることになる。

2つの視点が一致するのが望ましいかもしれないが、実際の保育の展開のなかで新たに気づかされることもある。実践の後で行われる評価・振り返りでは、これらの視点を照らし合わせながら、ねらいや環境構成のあり方が適切だったのかどうか（以下略）

図表1-2 保育者が持ち合わせる2つの視点

実践の最中の視点 ／ 計画の立案での視点

子どもがそこで何を経験しているのだろうか（何が経験されているのだろうか）。

子ども（子ども同士の関係性）のなかで、何が起きているのだろうか。

そのような経験ができる状況をつくり出す。
そのような遊びや行動が生み出されてくるような環境を構成する。
教材や素材を用意する。

子どもに経験してほしい。
子どもに気づいてほしい。興味や関心をもってほしい。
5領域のねらい
資質・能力
10の姿

評価・振り返り

2.「媒体」としての保育内容

『保育学大事典』によれば、「幼児の望ましい人間形成が、息の長い見通しのなかで位置づけられる保育の目標であるとするならば、保育内容は、幼児の望ましい人間形成のための媒体である」[5]と説明されている。また、『保育用語辞典』では、「幼稚園や保育所における保育の目標を達成するために展開される生活のすべてであり、望ましい人間形成の媒体となるもの」[6]である。

すなわち、今の姿と目指す姿（或る姿）とをつなげるものが「媒体」としての保育内容といえる。特に乳幼児期においては、誕生とともにその命を守り、その社会の文化や習慣を身につけていく「社会化」のための「媒体」が不可欠である。そこには、基本的な生活習慣の自立に向かわせる要素もあれば、小学校の教科学習へとつなげていくためのアプローチカリキュラムと呼ばれる要素もある。新しい保育所保育指針等では、そこを「育みたい資質・能力」および「幼児期の終わりまでに育ってほしい姿」として、小学校への接続を明確に示した。それらの「媒体」となる保育の内容は、いずれも子どもからみたら学習したり身につけたりするものであるが、保育士（大人）からみれば、一人ひとりの子どもの未来に希望を託す内容といえる。

[5] 岡田正章・平井信義編集代表『保育学大事典 第1巻』第一法規、p.365、1983.
[6] 森上史朗ほか編『保育用語辞典 第7版』ミネルヴァ書房、p.51、2013.

Step2 プラクティス

【事例1】川遊び（7月）
【2歳児】
2歳児3人は、4歳の子ども6人、保育士4人といっしょに、近くの川に遊びに出かけました。川は保育園から歩いて10分のところにあります。今日は少し日差しが強いので、帽子を被って出かけました。この川に来るのは今日で3回目。保育者と手をつないでゆっくりと川の中に入りました。

写真1　写真2

【事例2】芝すべり（5月）
【5歳児】
5月、土手の緑が美しくなる頃、5歳児クラスの子どもたち14人は、2人の保育士とともに散歩に出かけました。手にはダンボールや紙袋をもっています。およそ15分でここに到着。さっそくすべり始めました。この土手は冬になると雪が積もり、そり遊びをする場所でもあり、冬には3回出かけました。

写真3　写真4

Step3 プラスα

発展的な学習内容
近年の動向、関連領域の知識など、発展的な内容を学ぶ

Step2 プラクティス

演習課題と進め方
Step1の基本内容をふまえた演習課題で、実践に役立つ知識や考える力を養う

保育士養成課程——本書の目次
対応表

　指定保育士養成施設の修業教科目については国で定められており、養成課程を構成する教科目については、通知「指定保育士養成施設の指定及び運営の基準について」（平成15年雇児発第1209001号）において、その教授内容が示されている。

　本書は保育士養成課程における「教科目の教授内容」に準拠しつつ、授業で使いやすいよう全15講に目次を再構成している。

CONTENTS

新・基本保育シリーズ　刊行にあたって
はじめに
本書の特徴
保育士養成課程──本書の目次　対応表

第1講　保育所保育指針に基づく保育の全体構造

Step1　1. 保育所の役割 ……………………………………………………………… 2
　　　　　2. 保育所保育指針に基づく保育の全体構造 …………………………… 6

Step2　演習　子どもの遊びの様子から保育の内容や環境について
　　　　　　　　考えてみよう ……………………………………………………… 8

Step3　1. 保育の内容への視点──計画の立案の視点と実践のなかの視点 …… 10
　　　　　2.「媒体」としての保育内容 …………………………………………… 11

COLUMN　人間形成空間としての保育内容 ………………………………………… 12

第2講　保育所保育指針に基づく保育内容の理解①　養護

Step1　1.「養護に関わるねらい及び内容」 …………………………………… 14
　　　　　2.「教育に関わるねらい及び内容」との関連 ………………………… 17

Step2　演習　養護にかかわるねらいをもとに、乳児（0歳児）の例を参考にして
　　　　　　　　それぞれの発達の時期に応じた養護にかかわるねらいを考えてみよ
　　　　　　　　う ………………………………………………………………… 18

Step3　1. 保育所保育指針における「養護」について ………………………… 22
　　　　　2. 幼保連携型認定こども園教育・保育要領における「養護」について … 22
　　　　　3. 幼稚園教育要領における「養護」について ……………………… 23
　　　　　4. 乳幼児の教育・保育における「養護」について ………………… 23

COLUMN　認定こども園制度のはじまり ……………………………………………… 24

第3講 保育所保育指針に基づく保育内容の理解② 教育

Step1
1. 保育所保育指針第2章(保育の内容)の概要 ……………………… 26
2. 乳児保育にかかわるねらいおよび内容 …………………………… 27
3. 1歳以上3歳未満児の保育にかかわるねらいおよび内容 ………… 29
4. 3歳以上児の保育にかかわるねらいおよび内容 …………………… 30
5. 保育の実施に関して留意すべき事項 ……………………………… 31

Step2 演習 保育実習Ⅰ(保育所実習)での実習生の記録を読んで
考えてみよう …………………………………………………… 32

Step3 「育みたい資質・能力」と「幼児期の終わりまでに育ってほしい姿」について
…………………………………………………………………… 34

COLUMN 幼児期の教育と小学校以降の教育との連続性 ……………… 36

第4講 保育内容の歴史的変遷とその社会的背景

Step1
1. 保育所保育指針の歴史的変遷 ……………………………………… 38
2. 児童福祉施設の設備及び運営に関する基準(旧・児童福祉施設最低基準) …………………………………………………………… 42
3. 「幼稚園と保育所との関係について」(文部・厚生省局長通知) … 43

Step2
演習1 保育所保育指針(平成20年告示)が、告示化された背景や理由について保育士が理解しなければならないことを考えてみよう …… 44
演習2 2017(平成29)年告示の「幼稚園教育要領・保育所保育指針・幼保連携型認定こども園教育・保育要領」に示されている内容のなかから、それぞれの園等における幼児教育の共通性を見いだし、わが国の幼児教育に対する位置づけをディスカッションしてみよう …………………………………………………………… 46

Step3
1. 保育所保育指針(平成20年告示)の保育内容に関する特徴 ……… 48
2. 保育所保育指針(平成29年告示)の保育内容に関する特徴 ……… 48

COLUMN 児童福祉法の一部を改正する法律等の公布について(通知) … 50

第5講 子どもの発達や生活に即した保育内容の基本的な考え方

Step1 1. 乳幼児期における発達 ……………………………………………… 52

	2. 発達と保育の計画および指導計画	53
	3. 保育の内容と発達	54
	4. 発達の特徴と保育内容	55
	5. 各年齢期における発達の姿と保育のねらい・内容	56

Step2 演習 保育所保育指針の第2章（保育の内容）と、本講で示した発達の過程ごとの「ふさわしい保育内容と環境の一例」を、欲求の階層的発達（マズロー）と発達課題（ハヴィガースト）の面からとらえてみよう … 60

Step3
1. 3歳未満児の指導計画 … 62
2. 3歳以上児の指導計画 … 62
3. 異年齢の編成による保育の指導計画 … 63

第6講　養護と教育が一体的に展開される保育

Step1
1. 保育所保育指針からみる養護と教育とは … 66
2. 乳児期における養護のなかにみる教育とは … 68
3. 幼児期における教育と養護の関係性 … 69

Step2
演習1　乳児保育を行う際の、保育者の養護的なかかわりのなかにみる教育的なかかわりについて考えてみよう … 72
演習2　2歳児クラスの担任が、子どもたちが3歳児クラスになるまでに育てていく力について考えてみよう … 74

Step3　小学校との接続を考えて「養護と教育が一体となった保育」を考える … 76

COLUMN　就学につなげる保育者の役割 … 78

第7講　子どもの主体性を尊重する保育

Step1
1. 子どもを「主体として尊重する」… 80
2. 「主体的に活動する」こと … 81
3. 主体性を尊重する保育の難しさ … 81
4. 子ども自身が選び、つくり出す遊びや生活 … 83
5. 子どもの訴えを聴く … 85

Step2
演習1　保育所保育指針のなかで、主体性、主体的活動などの言葉がどのように用いられているのか、探して、整理してみよう … 86
演習2　事例を通して、子どもの思いや保育者の思い、チームを組んでいるほかの保育者の思いを考えてみよう … 87

	演習3	今までの実習体験や子どもとのかかわりのなかで、子どもの気持ちを尊重したいがさまざまな理由でそれができなかったことはあるだろうか。迷ったり、どうしようかと葛藤したりしたことはなかっただろうか。その場面を思い出し、整理してみよう ⋯⋯⋯⋯⋯⋯⋯⋯⋯⋯⋯⋯⋯⋯⋯⋯⋯⋯⋯ 89

Step3　1. 事例を通して「主体性を尊重する保育」を再考する ⋯⋯⋯⋯⋯ 90
　　　　 2. 子どもの「主体」意識が育つとき ⋯⋯⋯⋯⋯⋯⋯⋯⋯⋯⋯⋯⋯⋯ 90
　　　　 3. その他、注目すべき実践 ⋯⋯⋯⋯⋯⋯⋯⋯⋯⋯⋯⋯⋯⋯⋯⋯⋯⋯ 91

COLUMN 赤ちゃんの「主体」に気づく（実習生のつぶやきから）⋯⋯⋯⋯⋯⋯ 92

第8講　環境を通して行う保育

Step1　1. 環境を通して行う保育とは ⋯⋯⋯⋯⋯⋯⋯⋯⋯⋯⋯⋯⋯⋯⋯⋯ 94
　　　　 2. 保育の環境と保育士の役割 ⋯⋯⋯⋯⋯⋯⋯⋯⋯⋯⋯⋯⋯⋯⋯⋯ 95

Step2　演習1　保育所保育指針に通底する子ども観をもとに、環境を通して行う保育と講義中心の教育（授業）との違いを考え、図示して説明してみよう ⋯⋯⋯⋯⋯⋯⋯⋯⋯⋯⋯⋯⋯⋯⋯⋯⋯⋯⋯⋯⋯⋯⋯⋯⋯⋯⋯⋯ 98
　　　　 演習2　人的環境としての保育士・教師の役割を具体的に考えて、説明してみよう ⋯⋯⋯⋯⋯⋯⋯⋯⋯⋯⋯⋯⋯⋯⋯⋯⋯⋯⋯⋯⋯ 100

Step3　幼稚園教育要領、幼保連携型認定こども園教育・保育要領における環境を通して行う教育および保育 ⋯⋯⋯⋯⋯⋯⋯⋯⋯⋯⋯⋯⋯⋯ 102

COLUMN 環境を通して行う保育 ⋯⋯⋯⋯⋯⋯⋯⋯⋯⋯⋯⋯⋯⋯⋯⋯⋯⋯ 104

第9講　生活や遊びによる総合的な保育

Step1　1. 乳幼児期の学びとしての遊び ⋯⋯⋯⋯⋯⋯⋯⋯⋯⋯⋯⋯⋯⋯ 106
　　　　 2. 乳幼児期の遊びの特徴 ⋯⋯⋯⋯⋯⋯⋯⋯⋯⋯⋯⋯⋯⋯⋯⋯⋯⋯ 108

Step2　演習1　子どもになりきって遊び、遊びのなかで経験する内容を理解しよう ⋯ 110
　　　　 演習2　事例を通して子どもの思いや、保育者の役割を考えてみよう ⋯⋯ 112

Step3　楽しい遊びを展開するために ⋯⋯⋯⋯⋯⋯⋯⋯⋯⋯⋯⋯⋯⋯⋯⋯ 114

COLUMN 子どもと一緒に遊ぶ…… ⋯⋯⋯⋯⋯⋯⋯⋯⋯⋯⋯⋯⋯⋯⋯⋯⋯ 116

第10講　個と集団の発達をふまえた保育

Step1
1. 個と集団の発達 ……………………………………………………… 118
2. 発達過程と保育内容 ………………………………………………… 118

Step2
演習1　保育所における子どもの個の育ち、集団の育ちをどのようにとらえ、実際の保育にどのように展開していくか考えてみよう ………… 122
演習2　保育現場における行事のあり方について、事例を通して考察してみよう ……………………………………………………… 124

Step3
1. 「領域　人間関係」における集団の発達 ………………………… 126
2. 子どもの育ちにおける連続性 ……………………………………… 127

COLUMN　決まりの大切さに気づく ………………………………… 128

第11講　家庭や地域等との連携をふまえた保育

Step1　家庭、地域、小学校等との連携の意義 ……………………… 130

Step2
演習1　子育て中の保護者の思いや気持ちを考え、どのような支援が求められているのかを考えてみよう。また、それに対して、園として何がどこまでできるのかを考えてみよう …………………………………… 136
演習2　「子育てしやすい街」をデザインしてみよう …………………… 138

Step3
1. 開かれた園にするために …………………………………………… 140
2. 保育所等における子育て支援 ……………………………………… 141

COLUMN　子ども食堂 …………………………………………………… 142

第12講　小学校との連携・接続をふまえた保育

Step1
1. 小学校との連携・接続 ……………………………………………… 144
2. 連携・接続の課題 …………………………………………………… 145
3. 連携から接続への実践 ……………………………………………… 146

Step2
演習　資料を読み、「保育所児童保育要録の作成、小学校への送付および保存について留意すること」を考えてみよう ……………………… 150

Step3　連携・接続の具体的事例 …………………………………… 152

COLUMN　保育者の語りと接続 ……………………………………… 154

第13講 長時間の保育

Step1
1. 長時間の保育の現状 ······ 156
2. 長時間の保育に求められる保育者の配慮 ······ 158
3. 夜間保育について ······ 160

Step2 演習 長時間の保育の子どもにはどのような配慮が求められるか考えてみよう。また、その保護者との情報共有のあり方について考えてみよう ······ 162

Step3
1. 長時間の保育における保育者の援助や配慮について ······ 164
2. 職員間の情報共有・協力体制について ······ 164
3. 家庭との情報共有・協力体制について ······ 165

COLUMN 保育所等の役割と機能 ······ 166

第14講 特別な配慮を要する子どもの保育

Step1
1. 障害とは何か ······ 168
2. 応用行動分析 ······ 170

Step2
演習1 エピソードを読んで行動のABCで分析してみよう ······ 174
演習2 子どもの基本的生活習慣の指導を考える手がかりとなる課題分析をやってみよう ······ 175

Step3 子どもの行動の観察と記録 ······ 176

COLUMN ペアレントトレーニングとペアレントプログラム ······ 178

第15講 多文化共生の保育

Step1
1. 保育における多文化共生 ······ 180
2. すべての子どものための多文化共生の保育 ······ 182

Step2
演習1 自分の住んでいる地域、育った地域を知り、自分の文化について考えてみよう ······ 184
演習2 保育所の具体的な場面で、文化的マイノリティの子どもたちがどのように日本の保育所を経験しているのか、また多様な子どもたちの集団を支えるために配慮すべきことを考えてみよう ······ 185

Step3 外国につながりのある子どもたちの言葉の育ちと就学準備 ······ 188

COLUMN 外国籍の子どもについて ……………………………………………… 190

参考資料

平成29年改定　保育所保育指針（抜粋） ……………………………………… 192

索引
企画委員一覧
編集・執筆者一覧

第1講

保育所保育指針に基づく保育の全体構造

　本講は、保育所の役割を概観し、保育所保育指針に基づく保育の基本および保育内容について理解することを目的とする。

　Step1 では①保育所の役割、②保育の全体構造について、それぞれ保育所保育指針をふまえて解説し、Step2 では②について、保育場面の写真を用いて子どもたちの経験の中身を演習形式で学ぶ。

　そして Step3 では、演習課題の解説とともに、「媒体」としての保育内容のとらえ方について学ぶ。

Step 1

1. 保育所の役割

保育所の役割

　「保育所」は、児童福祉法第7条で定められた児童福祉施設の1つである。その目的は同法第39条第1項で、「保育所は、保育を必要とする乳児・幼児を日々保護者の下から通わせて保育を行うことを目的とする施設（利用定員が20人以上であるものに限り、幼保連携型認定こども園を除く。）とする」と定められている。

　条文にあるように、保育所に入所が認められるのは、市町村から「保育を必要とする」と認定される場合であり、それは次の10の事由によるものである。すなわち、①就労、②妊娠・出産、③保護者の疾病・障害、④同居または長期入院等している親族の介護・看護、⑤災害復旧、⑥求職活動、⑦就学、⑧虐待やDVのおそれがあること、⑨育児休業取得時に、すでに保育所を利用している子どもがいて継続利用が必要であること、⑩その他、上記に類する状態として市町村が認める場合である（子ども・子育て支援法施行規則第1条参照）。

　このような理由で「保育を必要とする」と認定されれば、0歳（生後57日目の赤ちゃん）から小学校に就学するまでの期間で利用することができる。

　近年のわが国の保育所等をめぐる状況は**図表1-1**のとおりである。2015（平成27）年4月より、子ども・子育て支援新制度が実施され、特定保育事業や認定こども園も含めた保育所等の数は3万か所を超えている（うち保育所は全国で約2万3000か所）。また、利用児童数は約261万人（0～2歳児が約107万人、3歳以上児が約154万人）である。近年、保育所等の数および定員数が増加しているなかで、保育所等を利用する子どもの数も増加しており、特に低年齢の子ども（0～2歳児）が増えてきている。他方、特に都市部においては、保育所の入所希望があるにもかかわらず定員がいっぱいで入所できない、いわゆる「待機児童問題」が大きな政策課題となっている。現在、待機児童は約2万人いるとされ、そのうちの9割近くは0～2歳の子どもである。

　保育所は、日中、保護者の就労等により、その子の養育を担う人がいなくなる状況において、家庭に代わってその子の保育を行う施設である。その保育時間は、1日につき8時間を原則とするとされているが（「児童福祉施設の設備及び運営に関する基準」第34条）、近年はそれが長時間化している。したがって、保育所では、長時間のなかで子どもが健康で、情緒の安定した生活が送れるように十分配慮することがとても重要であり、子どもにとって保育所は、そこでさまざまな事物や事象

と出会い、また保育士をはじめさまざまな人と出会い、心を通わせながら成長していく生活の場なのである。

後述する「保育所保育指針」では、保育所は、「入所する子どもの最善の利益を考慮し、その福祉を積極的に増進することに最もふさわしい生活の場でなければならない」とされている。子どもが安心してそこにいること、子どもがその安心感を学ぶところが「生活の場」としての保育所なのであり、「子どもの最善の利益」とは、子どもなりに幸せを実感できるようにすることと言い換えてもよい。

2016（平成28）年6月の児童福祉法の改正により、第1条に「児童の権利に関する条約の精神にのっとり…」、第2条に「（児童の）最善の利益が優先して考慮され…」の言葉が用いられ、保育所は、児童福祉施設として、この精神にのっとって運営されなければならないし、また、そこには保育者の自覚も求められる。

保育所における保育の内容については、「保育所における保育は、養護及び教育を一体的に行うことをその特性とし、その内容については、厚生労働大臣が定める指針に従う」（「児童福祉施設の設備及び運営に関する基準」第35条）とされている。すなわち、「養護及び教育を一体的に行う」ことが保育の内容となり方法となる。それらは、子どもにふさわしい生活の場の内実を満たしつつ、子どもを幸せに導くものでなければならない。

図表1-1　保育所利用児童数等の状況

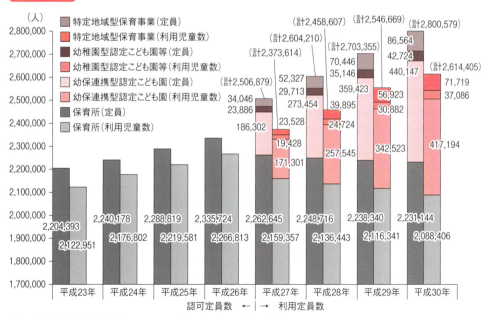

資料：厚生労働省「保育所等関連状況取りまとめ（平成30年4月1日）」を一部改変

保育所保育指針について

　前記の「厚生労働大臣が定める指針」が「保育所保育指針」である。保育所保育指針（以下、保育指針）は、わが国のすべての保育所が自らの保育を展開するにあたって依るべき基本的事項を定めたものである。

　2017（平成29）年3月に告示された保育指針の第1章（総則）では、保育指針は「保育所における保育の内容に関する事項及びこれに関連する運営に関する事項を定めるもの」とされており、「各保育所は、この指針において規定される保育の内容に係る基本原則に関する事項等を踏まえ、各保育所の実情に応じて創意工夫を図り、保育所の機能及び質の向上に努めなければならない」とされている。

　保育指針は、1965（昭和40）年に初めて出され、1990（平成2）年、1999（平成11）年の改訂、さらに2008（平成20）年、2017（平成29）年の改定と歴史を重ねてきている。2008（平成20）年の改定において、保育指針の歴史上初めて厚生労働大臣の「告示」として出され、「規範性を有する基準」としての性格を明確に示した。ここでの「規範性」とは、各保育所は保育指針に規定されていることを踏まえて保育を実施しなければならないという意味である。

　各保育所が独自性や創意工夫を図ることはもちろん大切なことではあるが、すべての子どもの最善の利益のためには、子どもの健康や安全の確保、発達の保障の観点から、各保育所が行うべき保育の内容等に関する全国共通の枠組みを定めることが必要とされている。すなわち、保育指針は、すべての保育所がここに示された基本原則を踏まえることを通して、わが国の保育の質を確保する1つの仕組みとして作用するものである。

保育所保育指針で示された保育の基本と保育士の役割

　「保育所は、入所する子どもを保育するとともに、家庭や地域の様々な社会資源との連携を図りながら、入所する子どもの保護者に対する支援及び地域の子育て家庭に対する支援等を行う役割を担うものである」（保育指針第1章（総則））

　このように、保育指針では、保育所には3つの役割があることが明記されている。子どもの保育はもちろんのこと、地域の子育て家庭に対する支援まで視野に入れているのは、地域において孤立しているかもしれない保護者、あるいは育児に不安や悩みを抱えているかもしれない保護者を支援することで、不適切な養育や虐待を未然に防ぐという役割が期待されているのである。

　そして、このような役割を受けて、「保育所における保育士は、児童福祉法第18

条の4の規定を踏まえ、保育所の役割及び機能が適切に発揮されるように、倫理観に裏付けられた専門的知識、技術及び判断をもって、子どもを保育するとともに、子どもの保護者に対する保育に関する指導を行うものであり、その職責を遂行するための専門性の向上に絶えず努めなければならない」（保育指針第1章（総則））とされている。

「保育所保育指針解説」では、保育士に求められる主要な知識および技術として次の6項目があげられている[*1]。

> ① これからの社会に求められる資質を踏まえながら、乳幼児期の子どもの発達に関する専門的知識を基に子どもの育ちを見通し、一人一人の子どもの発達を援助する知識及び技術
> ② 子どもの発達過程や意欲を踏まえ、子ども自らが生活していく力を<u>細やかに</u>助ける生活援助の知識及び技術
> ③ 保育所内外の空間や様々な設備、遊具、素材等の物的環境、自然環境や人的環境を生かし、保育の環境を構成していく知識及び技術
> ④ 子どもの経験や興味や関心に応じて、様々な遊びを豊かに展開していくための知識及び技術
> ⑤ 子ども同士の関わりや子どもと保護者の関わりなどを見守り、<u>その気持ちに寄り添いながら</u>適宜必要な援助をしていく関係構築の知識及び技術
> ⑥ 保護者等への相談、助言に関する知識及び技術
> 　　　　　　　　　　　　　　　　　　　　　　　　　（下線は筆者による）

保育士には、こうした専門的な知識および技術を、状況に応じた判断のもと、適切かつ柔軟に用いながら、子どもの保育と保護者への支援を行うことが求められる。そのなかで、「細やかに」「その気持ちに寄り添いながら」という表現が挿入されているように、保育士にとっては、子どもや保護者の気持ちに共感できる心の感度のようなもの、あるいは心の機微を見逃さない洞察力も求められているといえる。

養護と教育の一体性

保育所では、環境を通して、養護と教育が一体的に展開されるところに保育所保育の特性がある。「養護と教育の一体（一体的）」という言葉づかいは、最初の保育指針（1965（昭和40）年）以来、一貫して使われており、今日では、「児童福祉施設の設備及び運営に関する基準」第35条でも明記されている。

保育における「養護」とは、「子どもの生命の保持及び情緒の安定を図るために保育士等が行う援助や関わり」（保育指針第1章（総則））であり、これは一人ひと

[*1] 厚生労働省編『保育所保育指針解説』フレーベル館, p.17, 2018.

りの子どもの生存権を保障する重要な保育活動の基盤となるものである。

　養護と教育が一体的に展開されるという意味は、保育士等が子どもを一個の主体として尊重し、その命を守り、情緒の安定を図りつつ、乳幼児期にふさわしい経験が積み重ねられていくように援助することである。子どもは自分の存在を受け止めてもらえる保育士等や友だちとの安定した関係のなかで、自ら環境にかかわり、興味や関心を広げ、さまざまな活動や遊びを通して新たな能力を獲得していくのである。

2. 保育所保育指針に基づく保育の全体構造

保育の目標

　保育指針第1章（総則）「1　保育所保育に関する基本原則」に示された「保育の目標」は次のとおりである。

保育所保育指針
　　第1章　総則
1　保育所保育に関する基本原則
　(2)　保育の目標
　　ア　保育所は、子どもが生涯にわたる人間形成にとって極めて重要な時期に、その生活時間の大半を過ごす場である。このため、保育所の保育は、子どもが現在を最も良く生き、望ましい未来をつくり出す力の基礎を培うために、次の目標を目指して行わなければならない。
　　　(ア)　十分に養護の行き届いた環境の下に、くつろいだ雰囲気の中で子どもの様々な欲求を満たし、生命の保持及び情緒の安定を図ること。
　　　(イ)　健康、安全など生活に必要な基本的な習慣や態度を養い、心身の健康の基礎を培うこと。
　　　(ウ)　人との関わりの中で、人に対する愛情と信頼感、そして人権を大切にする心を育てるとともに、自主、自立及び協調の態度を養い、道徳性の芽生えを培うこと。
　　　(エ)　生命、自然及び社会の事象についての興味や関心を育て、それらに対する豊かな心情や思考力の芽生えを培うこと。
　　　(オ)　生活の中で、言葉への興味や関心を育て、話したり、聞いたり、相手の話を理解しようとするなど、言葉の豊かさを養うこと。
　　　(カ)　様々な体験を通して、豊かな感性や表現力を育み、創造性の芽生えを培うこと。
　　イ　保育所は、入所する子どもの保護者に対し、その意向を受け止め、子どもと保護者の安定した関係に配慮し、保育所の特性や保育士等の専門性を生かして、その援助に当たらなければならない。

保育所は、それぞれに保育所の特色や保育方針があり、また、施設の規模や地域性などにより、保育の在り様はさまざまである。しかし、保育指針では、すべての保育所に共通する目標として、上記の事項があげられている。そして、それらの目標には、「保育所の保育は、子どもが現在を最も良く生き、望ましい未来をつくり出す力の基礎を培うために」という目的が掲げられている。

　これは、「保育所は、この時期の子どもたちの「現在」が、心地よく生き生きと幸せなものとなるとともに、長期的視野をもってその「未来」を見据えた時、生涯にわたる生きる力の基礎が培われることを目標として、保育を行う」ということである[2]。また、「生涯、発達し続けていく一人ひとりの子どもの可能性や、あと伸びする力を信じることでもあり、保育とは、子どもの現在と未来をつなげる営み」ともいえるだろう[3]。子どもは「社会進歩の可能性の担い手」であるという言い方もされるように[4]、子どもの成長は、来るべき社会の成長をも意味するものである。

　保育所では、その子の発達あるいはクラスの子どもたちの成長を見通して、計画性をもった保育が行われている。その先に見通せているのは、上記の目標であり、それらに向かって1つひとつの経験が積み重ねられていく。換言すれば、保育の内容とは、そこに描かれた「基礎」や「芽生え」を身につけるために計画性をもって積み上げられた経験の総体といえる。

保育のねらいおよび内容

　保育指針第2章（保育の内容）の前文で、この章に示す「ねらい」は、「第1章の1の(2)に示された保育の目標をより具体化したものであり、子どもが保育所において、安定した生活を送り、充実した活動ができるように、保育を通じて育みたい資質・能力を、子どもの生活する姿から捉えたものである。また、「内容」は、「ねらい」を達成するために、子どもの生活やその状況に応じて保育士等が適切に行う事項と、保育士等が援助して子どもが環境に関わって経験する事項を示したものである」と説明されている。すなわち、保育指針第2章（保育の内容）では、先述の保育の目標(イ)〜(カ)をより具体化したものが「ねらい」としてまとめられており、「内容」は、主に子どもの教育にかかわる側面からまとめられている。

---

[2] 厚生労働省編『保育所保育指針解説』フレーベル館、p.18、2018.
[3] 厚生労働省『保育所保育指針解説書』フレーベル館、p.21、2008.
[4] 大田堯『子どもの権利条約を読み解く』岩波書店、p.141、1997.

Step 2

> **演習**　子どもの遊びの様子から保育の内容や環境について考えてみよう

課題

① そこで繰り広げられる子どもの遊びの様子を通して、そこで何が経験されているかを話し合う。子ども同士の会話、子どもと保育者との会話も想像しながら考える。
② 子どもの健康や安全面で留意しなければならないことについて考える。
③ 保育者は子どもの遊ぶ様子を見て、どういうことを感じたり、考えたりするのかを話し合う。

進め方

(1) **準備するもの**

　次ページの写真、または教員が写真や動画を用意する。

(2) **方法**

　次のようなワークシートを作り、一人ひとりが考えたり、想像したりしたことを書き込む。それをもとにグループで話し合ったり、発表したりする。

　または、一人ひとりがテーマごとに自分の考えを付箋に書き込む。グループごとに大判の用紙にそれらを貼り付けながら、自分の感想を述べたり、話し合ったりする。そして、似たような意見ごとに小見出しを付けながら分類してまとめることもできる。

	子どもの遊びを通して何が経験されているか	子どもの健康や安全面で留意しなければならないこと	保育者の振り返り
写真1			
写真2			
写真3			
写真4			

【事例1】川遊び(7月)

〔2歳児〕

　2歳児3人は、4歳の子ども6人、保育士4人といっしょに、近くの川に遊びに出かけました。川は保育園から歩いて10分のところにあります。今日は少し日差しが強いので、帽子を被って出かけました。この川に来るのは今日で3回目。保育者と手をつないでゆっくりと川の中に入りました。

写真1

写真2

【事例2】芝すべり(5月)

〔5歳児〕

　5月、土手の緑が美しくなる頃、5歳児クラスの子どもたち14人は、2人の保育士とともに散歩を兼ねて出かけました。手にはダンボールや紙袋を持っています。およそ15分でここに到着。さっそくすべり始めました。この土手は冬になると雪が積もり、そり遊びをする場所でもあり、冬には3回出かけました。

写真3

写真4

Step3

> **1. 保育の内容への視点**──計画の立案の視点と実践のなかの視点

　Step 2の「川遊び」は、水深10センチほどの流れの緩やかな場所で行われた。保育士の記録には、「水の冷たさ、気持ちよさを感じ笑顔になる」「保育士と一緒に川の中を歩きながら、大きく足を上げると"バシャバシャ"という音がすることに気づき笑顔になる」とあった。特に川という場所として、子どもの安全と健康には十分気をつけなければならないが、自然へのかかわりのなかで、感性のみならず、保育者との関係性など、多くのことが経験されている。

　「芝すべり」の保育士の記録には、「ダンボールを細く長めにしたことで二人乗りをしたり、寝転がったり後ろ向きでうつぶせになったりと、子どもたちが工夫して遊ぶことができていた」「園に帰ると、楽しかったことを異年齢児にうれしそうに話す姿があったので、次回は4歳児と一緒に滑ってみようと思う。滑り方やコツを教え合い、いい触れ合いの時間がもてるのではないか」と、子どもの工夫に感心するとともに、この先を見通した振り返りが行われていた。

　このように、保育者は保育実践のなかで子どものなかで何が経験されているか、何が育ちつつあるのかという視点をもってみることが大切である（実践のなかの視点）。しかし、この実践の前には指導計画の立案がなされたのであり、その時点で保育者は保育のねらいをもっていたことであろう（計画の立案の視点）。すなわち、保育者はある時差をもって、2つの視点から、目の前の子どもたちをみていることになる。

　2つの視点が一致するのが望ましいかもしれないが、実際の保育の展開のなかで新たに気づかされることもある。実践の後で行われる評価・振り返りでは、これらの視点を照らし合わせながら、ねらいや環境構成のあり方が適切だったのかどうかを考察することが大切である（**図表1-2**）。このような視点は、一人ひとりの子どもの理解に基づく評価や子ども同士の関係性の変容の理解にもつながり、やがて保育所児童保育要録等への記載にも生かされることであろう。

　保育指針第1章（総則）の「3　保育の計画及び評価」に示されたように、保育は、「全体的な計画の作成」→「指導計画の作成」→「指導計画の展開」→「保育内容等の評価」→「評価を踏まえた計画の改善」という循環的な過程を通して行われるものである。こうした「一連の取組」を全職員が共通理解をもって進めることが、保育者の専門性の向上および保育の質の向上のためにとても重要なのである。

図表1-2 保育者が持ち合わせる2つの視点

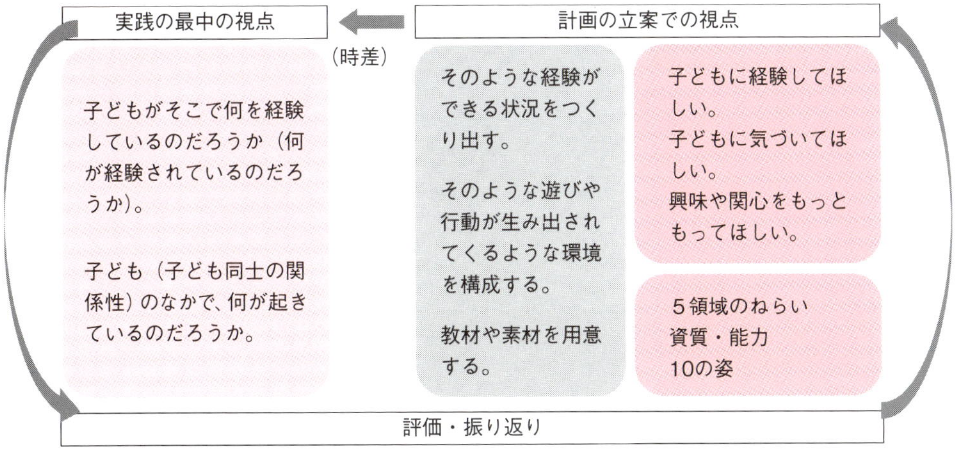

```
┌─────────────────────┐     ┌─────────────────────┐
│   実践の最中の視点    │ ←── │   計画の立案での視点   │
└─────────────────────┘(時差)└─────────────────────┘
```

- 実践の最中の視点
  - 子どもがそこで何を経験しているのだろうか（何が経験されているのだろうか）。
  - 子ども（子ども同士の関係性）のなかで、何が起きているのだろうか。

- 計画の立案での視点
  - そのような経験ができる状況をつくり出す。
  - そのような遊びや行動が生み出されてくるような環境を構成する。
  - 教材や素材を用意する。
  - 子どもに経験してほしい。
  - 子どもに気づいてほしい。
  - 興味や関心をもっともってほしい。
  - 5領域のねらい
  - 資質・能力
  - 10の姿

評価・振り返り

2.「媒体」としての保育内容

『保育学大事典』によれば、「幼児の望ましい人間形成が、息の長い見通しのなかで位置づけられる保育の目標であるとするならば、保育内容は、幼児の望ましい人間形成のための媒体である」[*5]と説明されている。また、『保育用語辞典』では、「幼稚園や保育所における保育の目標を達成するために展開される生活のすべてであり、望ましい人間形成の媒体となるもの」[*6]である。

すなわち、今の姿と目指す成長の姿との間をつなげるものが「媒体」としての保育内容といえる。特に乳幼児期においては、誕生とともにその命を守り、その社会の文化や習慣を身につけていく「社会化」のための「媒体」が不可欠である。そこには、基本的な生活習慣の自立に向かわせる要素もあれば、小学校の教科学習へとつなげていくためのアプローチカリキュラムと呼ばれる要素もある。新しい保育所保育指針等では、そこを「育みたい資質・能力」および「幼児期の終わりまでに育ってほしい姿」として、小学校への接続を明確に示した。それらの「媒体」となる保育の内容は、いずれも子どもからみたら学習したり身につけたりするものであるが、保育士（大人）からみれば、一人ひとりの子どもの未来に希望を託す内容といえる。

[*5] 岡田正章・平井信義編集代表『保育学大事典 第1巻』第一法規, p.365, 1983.
[*6] 森上史朗ほか編『保育用語辞典 第7版』ミネルヴァ書房, p.51, 2013.

参考文献

- 厚生労働省編『保育所保育指針解説』フレーベル館，2018.
- 大場幸夫・網野武博・増田まゆみ編著『保育を創る8つのキーワード』フレーベル館，2008.
- 社会福祉法人日本保育協会監『現場に活かす 保育所保育指針実践ガイドブック』中央法規出版，2018.

COLUMN　人間形成空間としての保育内容

　小学校のような教科書のない「保育内容」は、1つひとつの経験が子どもの成長そのものであり、その経験にふさわしい環境が大切である。ある保育実践の発表会で次のような報告があった。

　どじょうがいる川の近くの家の人が、「保育所の子どもがどじょうをつかまえに来るから、ここだけ泥を汲みあげないでおいているんです」と言ってくれたという散歩の一場面。こうした地域の人の協力があって、子どもたちが楽しむことができるという報告だった。

　その「泥」は、どじょうにとっても、子どもにとっても大切な生きるための環境といえる。それを汲みとらずに残してくれている地域の人々も大切な環境である。

　子どもが生活する空間は、そこに人々、自然や社会の事象、事物が充満した空間である。それらのなかからさまざまな情報を組み合わせたり、つなげたりして子どもにとってふさわしい保育内容に仕立てていく。そのような経験の場こそ人間形成空間といえる。

　そして、子どもの成長とともに、その空間は広がり、保育内容はそのなかでの複雑な組み合わせになってくる。そこでの経験を組み立て、楽しさをつくり出すのは保育者の構想力といえるであろう。

（石川昭義）

第2講

保育所保育指針に基づく保育内容の理解①養護

本講では、保育所保育指針第1章（総則）をふまえて、保育所における保育の内容の1つの側面である「養護に関わるねらい及び内容」を中心に学ぶ。Step1では、「養護に関わるねらい及び内容」についてその概要を学び、Step2では、養護に関連して保育士が行わなければならないことや保育者の配慮(はいりょ)のあり方を演習形式で学ぶ。そしてStep3では、幼稚園教育要領や幼保連携型認定こども園教育・保育要領における「養護」の取り扱いについて学ぶ。

Step 1

1.「養護に関わるねらい及び内容」

生命の保持と情緒の安定

　保育所保育指針（以下、保育指針）の第1章（総則）に示された「養護に関わるねらい及び内容」をまとめておこう。

　保育指針では、「養護の理念」として、「保育における養護とは、子どもの生命の保持及び情緒の安定を図るために保育士等が行う援助や関わりであり、保育所における保育は、養護及び教育を一体的に行うことをその特性とするものである。保育所における保育全体を通じて、養護に関するねらい及び内容を踏まえた保育が展開されなければならない」としている。「保育全体を通じて」とあるように、養護は、特定の時間や場面に限定されて行われるものではなく、園生活全体の基本的理念とされていることに留意したい。

○「生命の保持」と「情緒の安定」について

保育所保育指針
　　第1章　総則
　2　養護に関する基本的事項
　　(2) 養護に関わるねらい及び内容
　　　ア　生命の保持
　　　　(ｱ)　ねらい
　　　　　① 一人一人の子どもが、快適に生活できるようにする。
　　　　　② 一人一人の子どもが、健康で安全に過ごせるようにする。
　　　　　③ 一人一人の子どもの生理的欲求が、十分に満たされるようにする。
　　　　　④ 一人一人の子どもの健康増進が、積極的に図られるようにする。
　　　　(ｲ)　内容
　　　　　① 一人一人の子どもの平常の健康状態や発育及び発達状態を的確に把握し、異常を感じる場合は、速やかに適切に対応する。
　　　　　② 家庭との連携を密にし、嘱託医等との連携を図りながら、子どもの疾病や事故防止に関する認識を深め、保健的で安全な保育環境の維持及び向上に努める。
　　　　　③ 清潔で安全な環境を整え、適切な援助や応答的な関わりを通して子どもの生理的欲求を満たしていく。また、家庭と協力しながら、子どもの発達過程等に応じた適切な生活のリズムがつくられていくようにする。
　　　　　④ 子どもの発達過程等に応じて、適度な運動と休息を取ることができるようにする。また、食事、排泄、衣類の着脱、身の回りを清潔にすることなどについて、子どもが意欲的に生活できるよう適切に援助する。
　　　イ　情緒の安定

(ア) ねらい
　　① 一人一人の子どもが、安定感をもって過ごせるようにする。
　　② 一人一人の子どもが、自分の気持ちを安心して表すことができるようにする。
　　③ 一人一人の子どもが、周囲から主体として受け止められ、主体として育ち、自分を肯定する気持ちが育まれていくようにする。
　　④ 一人一人の子どもがくつろいで共に過ごし、心身の疲れが癒されるようにする。
　(イ) 内容
　　① 一人一人の子どもの置かれている状態や発達過程などを的確に把握し、子どもの欲求を適切に満たしながら、応答的な触れ合いや言葉がけを行う。
　　② 一人一人の子どもの気持ちを受容し、共感しながら、子どもとの継続的な信頼関係を築いていく。
　　③ 保育士等との信頼関係を基盤に、一人一人の子どもが主体的に活動し、自発性や探索意欲などを高めるとともに、自分への自信をもつことができるよう成長の過程を見守り、適切に働きかける。
　　④ 一人一人の子どもの生活のリズム、発達過程、保育時間などに応じて、活動内容のバランスや調和を図りながら、適切な食事や休息が取れるようにする。

　上記の「ねらい及び内容」は、保育指針の第1章（総則）に示された保育の目標の「(ア) 十分に養護の行き届いた環境の下に、くつろいだ雰囲気の中で子どもの様々な欲求を満たし、生命の保持及び情緒の安定を図ること」を具体化したものである。それを受けて、「養護に関わるねらい及び内容」は「生命の保持」と「情緒の安定」の2つに分けて示されている。これらの事項は、「保育士等が行う援助や関わり」として、「保育士等」を主語にして読み解くことが重要である。

　生命の保持と情緒の安定は、文字どおり、子どもが生きることの根幹であり、ここに不適切な対応や、対応の遅れがあると、それが直接子どもの心身の健康に影響を及ぼし、最悪の場合には子どもの死亡に至るということである。

　保育所には0歳児を含む低年齢児が入所しており、また保育時間が長いという事情から、とりわけ生命の保持と情緒の安定にかかわる配慮が求められる。また年長児であっても、例えば、午後から急に体調を崩したり、弟妹の誕生等環境の変化によって情緒が不安定になったりすることもあり、保育士等による的確な状況判断と気持ちの受け止めが大切になってくる。

　ねらい（計8項目）には、すべて「一人一人の子ども」と表記されている。一人ひとりの成育歴や家族状況、あるいは障害の種類や程度に合わせて、「その子」に応じた適切な対応が求められる。このようにきめ細かに対応することは、一人ひとりの生存権を保障し、また子どもを一個の主体として尊重することにつながる。

養護的なかかわりの方法と環境

　保育指針の第1章（総則）では、「保育の方法」として、「一人一人の子どもの状況や家庭及び地域社会での生活の実態を把握するとともに、子どもが安心感と信頼感をもって活動できるよう、子どもの主体としての思いや願いを受け止めること」「子どもの生活のリズムを大切にし、健康、安全で情緒の安定した生活ができる環境や、自己を十分に発揮できる環境を整えること」と示されている。

　また、保育指針の第3章（健康及び安全）では、「保育所保育において、子どもの健康及び安全の確保は、子どもの生命の保持と健やかな生活の基本であり、一人一人の子どもの健康の保持及び増進並びに安全の確保とともに、保育所全体における健康及び安全の確保に努めることが重要となる」としている。

　保育所の長時間にわたる生活のなかで、子どもが健康で安全に過ごすためには、保健的環境や安全の確保と併せて、送迎の際の会話や連絡帳を通した保護者との情報共有が不可欠である。また、衛生管理や安全管理にかかわる知識の向上に努めるとともに、保育士等相互の連携、嘱託医との協議、看護師、栄養士等の他の専門職との協働的なかかわりを通して、子どもの心身の健康を守ることが大切である。

自己肯定感の涵養

　2008（平成20）年改定の保育指針から、「情緒の安定」の事項に「自分を肯定する気持ち」「自分への自信をもつ」という表現が取り入れられた。2017（平成29）年の改定後も、引き継がれているこの事項には、不適切な養育を受ける子ども、あるいは複雑な家庭の境遇にある子どもなど、近年の子どもを取り巻く環境の厳しい現実の一面を背景に、子どもの心の回復への願いが込められているといえる。

　その一番の基本となるのは、自分の存在を温かく受け入れてくれ、自分の欲求や気持ちを敏感に察知し、応えてくれる保育士等がそばにいてくれることである。この安心感と信頼関係を基盤に、子どもは主体的に活動し、探索意欲を高めていく。保育士等は、こうした子どもの姿を温かく受け止め、肯定する気持ちを言葉や表情で表したり、励ましたりしながら、子どもが自分への自信を獲得できるようにはたらきかけていくことが求められる。

　子どもをかけがえのない存在として受け止め、温かいまなざしをもって応答的にかかわることを通して、生涯にわたる人とのかかわりの基盤となる基本的な信頼感を培い、子どもの心を豊かに育むことは、保育士等の大切な責務といえよう。

2.「教育に関わるねらい及び内容」との関連

　保育所の保育の特徴は、養護と教育が一体的に展開されるところにある。いうまでもなく、子どもは最初は食事や排泄（はいせつ）などの世話を保育士等にしてもらわなければならない。しかし、適切な援助を受ける過程で、次第にそれを自分でやろうとする意欲が生まれる。そして、自分でできた達成感や自信は、さらに「もっとやってみたい」という意欲を高め、やがてそれが習慣を形成していく。すなわち、生活に必要な基本的生活習慣や態度を身につけることは、子どもが自分の生活を律（りっ）し、主体的に生きる基礎となるものである。

　自分に自信をもったり、自分はありのままの自分でいいのだという自己肯定感（こうてい）を実感できるのは、自分の気持ちの表出や行為を保育士等から認められたり、褒（ほ）められたりするからである。その気持ちは、自分を見てくれていたという安堵（あんど）感に支えられている。情緒の安定は、こうしたさまざまな活動（教育の内容を含む）や生活全般において保育者との信頼関係が次第に培（つちか）われていく過程と軌（き）を同じにしているといってもいいだろう。

　保育所保育において、養護と教育は切り離すことができないものである。つまり、保育所が教育的な機能を発揮するためには養護を欠かすことはできない。保育の内容のとらえ方として、養護にかかわる保育の内容には、同時に教育にかかわる保育の内容が含まれており、教育にかかわる保育の内容には、同時に養護にかかわる保育の内容が含まれていると考えるべきである。いわば、養護と教育は互いに折り重なりながら日々の保育が一体的に展開されるといえる。

　小さな子どもに、「おいしいね」と言葉をかけながら離乳食を口に運ぶ行為、「右のお手（て）から着ようか」といって着替えを手伝う行為。日常のなかには、このように保育士等が言語環境をつくり、温かく優しい表情で応答的にかかわる場面がほとんどである。養護・教育を機械的にわけることのできない、まさに「折り重なる」ような日々の営みがすべての年齢の子どもにおいて展開されている。

　保育所では、「養護に関わるねらい及び内容」を指導計画等に明記することが一般的である。それらを文章化すると、どうしても養護と教育の行為自体を分けて考えてしまいがちであるが、養護と教育の「折り重なり」を常に視野に入れて、保育全体を通じて子どもの健康増進を図るとともに、子ども主体の保育を実践していくことが求められる。

第2講　保育所保育指針に基づく保育内容の理解①養護

Step 2

> **演習** 養護にかかわるねらいをもとに、乳児（0歳児）の例を参考にしてそれぞれの発達の時期に応じた養護にかかわるねらいを考えてみよう

課題

① 保育所保育指針（以下、保育指針）第2章（保育の内容）の1「(1) 基本的事項」のアを読んで、それぞれの発達過程の特徴を理解する。
② 生命の保持と情緒の安定を図るために保育士等が行う援助やかかわりについて、考える。

進め方

　保育指針第2章（保育の内容）のそれぞれの発達過程の特徴をよく読んで、子どもの生命の保持と情緒の安定を図るために保育士等が行わなければならないことを、それぞれの発達過程に応じて考えてみよう。2017（平成29）年に改訂された保育指針では、第2章において乳児、1歳以上3歳未満児、そして3歳以上児の区分に従って保育のねらいや内容が示されており、なかでも、0歳から2歳までの保育内容の記述が充実させられていることが大きな特徴である。多くの保育所等では、年齢別のクラス保育を行っていることを鑑みて、以下に示した各年齢区分におけるおおよその発達の特徴をよく読み、それぞれの発達過程に応じた養護のねらいを考えて、**図表2-1**「発達過程に応じた養護にかかわる援助や言葉がけ」に書き入れてみよう。

(1) 乳児（0歳児）

　乳児は、おむつが濡れた、空腹になった、眠くなったなど不快なときは泣いて知らせる。あやすと声を出したり手足を動かしたりする状態から、寝返りをうつ、座る、はう、立ち上がる、つたい歩く、そして一人歩きをするなど運動機能が著しく発達していく時期である。運動機能だけではなく、視覚や聴覚の発達とともに、喃語や指さし、片言を話すなど、自分の思いや欲求を伝えられるようになっていく時期でもある。この時期において、食事、排泄や清潔、睡眠など身の回りの世話を適切にしてもらうことや、自分の思いや欲求に対して特定の保育士等が応答的にかかわってくれることを通じて、情緒的な絆が形成されるといった特徴がある。これらの発達の特徴をふまえて、乳児の保育は、愛情豊かに、応答的に行われることが

特に必要である。また、乳児は免疫機能や抵抗力が弱く、病気にかかりやすいため、保健的な環境を整えるとともに、この時期に活発になる探索活動が十分できるように、安全な環境づくりに配慮することも不可欠である。

（2） 1歳以上3歳未満児

① 1歳児

歩きはじめから、やがて走る、跳ぶなど、基本的な運動機能がしだいに発達し、行動範囲が広がるため、引き続き保健的で安全な環境を整え、快適に生活できるように配慮することが必要である。また1歳前後になると、「自分でしよう」という時期に入るが、「自分で」という思いはあっても実際にはまだ大人の援助が必要なことも多い。さらにこの時期、友だちや周囲の環境への興味や関心が高まり、ほかの子どもの真似をしたり、興味をもって近づいたり、同じ玩具を欲しがったりする。また、「イヤ」など拒否の言葉を発するなど、一見すると保育士等を困らせるような行動も増えてくるが、保育士等は子どもを注意深く見て、思いを汲み取り、子どもの主体性や自発性を尊重して援助したり、情緒の安定を図りながら、自分の気持ちや考えを言葉で表すことができるように、温かく応答的にかかわったり、言葉を補ったりするなどの配慮が求められる。

② 2歳児

排泄の自立のための身体的機能も整うようになり、指先の機能も発達し、食事、衣類の着脱なども、保育士等の援助のもと、自分でできることが少しずつ増えていく。この時期においては子どもが「自分でしたい」という気持ちがさらに大きくなるため、その気持ちや意欲を大切にしてかかわることが重要である。また、語彙も増加してきて、自分の意思や欲求を言葉で表出できるようになり、自己主張もするようになる。友だちへの関心が高まり、一緒に遊ぶことも多くなるが、自分中心に友達にかかわったり玩具を取り合いになることもある。この時期においては、自己主張することで自我が育つため、保育士等は、子どもの姿が反抗や失敗ばかりしているように映ったとしても、子どもの生活の安定を図りながら、自分でしようとする気持ちを尊重し、温かく見守るとともに、愛情豊かに、応答的にかかわることが必要である。また思いどおりにならないことがあっても、保育士は子どもとの信頼関係を基に、子どもが自分の感情を鎮め、自分の気持ちや欲求を言葉で表現したり、気持ちを立て直したりすることができるように、配慮することが必要である。

（3） 3歳以上児（3歳児、4歳児、5歳児、6歳児）

① 3歳児

　基礎的な運動機能の発達により、基本的な動作が一通りできるようになるため、子どもの行動範囲を十分に把握し、安全な環境で生活や遊びを楽しめるようにすることが重要である。友だちとのかかわりが多くなるが、自我がよりはっきりとしてきて自己主張も強くなるため、けんかになることもある。保育士等が仲立ちして、自分の気持ちや考えを言葉で伝えたり、相手の思いに気づいたりすることができるような配慮が必要である。一人ひとりの子どもの主体性を育み、個々の欲求を受け止めながら、友だちとのかかわりのなかで自己肯定感を得られるようにかかわることが求められる。

② 4歳児

　全身のバランスをとる能力が発達し、からだの動きが巧みになるため、活動的になり運動量も増してくる。そのため、安全な環境に配慮するとともに、子どもが自分の健康や安全について考えることができるよう配慮する必要がある。また、この時期、友だちとのかかわりがさらに深くなり、仲間意識が芽生えてくるが、競争心も強くなり、けんかやぶつかり合いも多くなるため、葛藤も多く経験する。自分の主張をぶつけ合い、やりとりを重ねるなかで、互いに合意していくという経験は、子どもの社会性を育て、自己肯定感や他者を受容する気持ちを育てていくが、情緒が不安定になったり、自分自身をコントロールすることが困難になったりすることも多い。保育士等が一人ひとりの子どもの気持ちに寄り添い、共感的に受け止め、子どもが自分で気づかないことに気づかせるようにかかわることで、子どもは心の安定を取り戻し、自分で考え、判断して行動することができるように配慮することが必要である。

③ 5歳児

　基本的な生活習慣がほぼ身につき、見通しをもって生活できるようになるため、子どもが自分の健康や安全に気をつけながら行動できるような配慮が必要である。また、この時期、子どもは集団で行動することが多くなり、自分たちで共通の目的に向かって活動するようになるため、友だちとの関係がより重要になり、仲間関係のなかで葛藤を体験しながら成長する。保育士等は、集団としてひとまとまりで子どもをみるのではなく、集団のなかの一人ひとりの子どもが自分の気持ちや考えをしっかりと表出して活動しているのか、仲間集団のなかの一人ひとりの子どもの思いを深く読み取るように配慮し、一人ひとりの子どもが安定感をもって過ごすことができるように配慮する必要がある。

④ 6歳児

　全身運動が滑(なめ)らかで巧みになり、さまざまな運動に意欲的に挑戦するようになるため、子どもが自分自身で健康や安全について考え、適度な活動と休息をとることができるように配慮することが必要である。また、この時期、子どもは友だちとの仲間関係のなかで、仲間の一人としての存在を認め合い、それぞれの意見を調整し、折り合いをつけながら協同して活動を進め、自主性と協調性を身につけていく。このような自立心の高まりがみられる一方で、身近な大人には甘えることもある。保育士等は、一人ひとりの良さを見いだして認め、子どもが自信をもって生活や遊びに取り組むことができるよう配慮することが求められる。

図表2-1 発達過程に応じた養護にかかわる援助や言葉がけ

発達過程		生命の保持	情緒の安定
全年齢		①一人ひとりの子どもが、快適に生活できるようにする。 ②一人ひとりの子どもが、健康で安全に過ごせるようにする。 ③一人ひとりの子どもの生理的欲求が、十分に満たされるようにする。 ④一人ひとりの子どもの健康増進が、積極的に図られるようにする。	①一人ひとりの子どもが、安定感をもって過ごせるようにする。 ②一人ひとりの子どもが、自分の気持ちを安心して表すことができるようにする。 ③一人ひとりの子どもが、周囲から主体として受け止められ、主体として育ち、自分を肯定する気持ちが育まれていくようにする。 ④一人ひとりの子どもがくつろいで共に過ごし、心身の疲れが癒されるようにする。
乳児	0歳児	・保健的で安全な環境をつくり、快適に生活できるようにする。 ・一人ひとりの子どもの生活リズムを重視して、生理的欲求を満たすようにする。	・特定の保育士との応答的なかかわりを通して、情緒的な絆を築くようにする。
1歳以上3歳未満児	1歳児		
	2歳児		
3歳以上児	3歳児		
	4歳児		
	5歳児		
	6歳児		

Step 3

1. 保育所保育指針における「養護」について

　2008（平成20）年改定保育所保育指針では、第3章（保育の内容）に「養護に関わるねらい及び内容」と「教育に関わるねらい及び内容」が併記されていたが、2017（平成29）年改定保育所保育指針（以下、保育指針）では、第1章（総則）の「2　養護に関する基本的事項」として「(1)　養護の理念」および「(2)　養護に関わるねらい及び内容」が記載されている。これは、「保育所保育指針の改定に関する議論のとりまとめ」において、「養護は保育所保育の基盤であり、保育指針全体にとって重要なものであることから、養護に関する基本的な事項については、総則で記載することが適当である」[*1]との方向性が示されたことによる変更である。しかし、この変更により、「養護に関わるねらい及び内容」は第1章（総則）に、「教育に関わるねらい及び内容」は第2章（保育の内容）に、それぞれに記載されることになり、「保育所における保育は、養護及び教育を一体的に行うことをその特性」[*2]とする保育所保育の特性が希薄になってしまうのではないかという懸念もある。その懸念を払拭するためか、第2章（保育の内容）の「1　乳児保育に関わるねらい及び内容」「2　1歳以上3歳未満児の保育に関わるねらい及び内容」「3　3歳以上児の保育に関するねらい及び内容」それぞれの「(1)　基本的事項」のウにおいて、「（前略）保育の内容は、第1章の2に示された養護における『生命の保持』及び『情緒の安定』に関わる保育の内容と、一体となって展開されるものであることに留意が必要である」と繰り返し記されている。

2. 幼保連携型認定こども園教育・保育要領における「養護」について

　幼保連携型認定こども園等の保育内容の基準を示す幼保連携型認定こども園教育・保育要領（以下、教育・保育要領）においても、第2章（ねらい及び内容並びに配慮事項）には教育にかかわるねらいおよび内容のみが示され、養護にかかわるねらいおよび内容は、第1章（総則）の「第3　幼保連携型認定こども園として特に配慮すべき事項」の5に、保育指針の「養護に関わるねらい及び内容」が、語句を幼保連携型認定こども園に適用させて、そのまま配慮事項として記載されている。

[*1]　社会保障審議会児童部会保育専門委員会「保育所保育指針の改定に関する議論の取りまとめ」（平成28年12月21日）p.12
[*2]　児童福祉施設の設備及び運営に関する基準　第35条

3. 幼稚園教育要領における「養護」について

　幼稚園教育の基準である幼稚園教育要領（以下、教育要領）においては、第2章（ねらい及び内容）には教育にかかわる「ねらい」および「内容」と「内容の取扱い」が領域ごとに示されており、養護にかかわるねらいおよび内容は記載されていない。教育要領では「養護」という表現は使われていないが、養護的機能である「安定感」「安心感」「信頼感」が教育の基盤であることについては随所に記されている。特に、第1章（総則）の「第1　幼稚園教育の基本」において、「幼児は安定した情緒の下で自己を十分に発揮することにより発達に必要な体験を得ていくものであることを考慮して、幼児の主体的な活動を促し、幼児期にふさわしい生活が展開されるようにすること」が挙げられているが、この部分からも、幼稚園教育においても養護を基盤として教育が行われるということを読み取ることができる。したがって、教育要領には「養護」という表現はみられないが、幼稚園教育においても、養護の基盤の上に教育が成り立っているということは共通であると考えられる。

4. 乳幼児の教育・保育における「養護」について

　保育所においても、幼保連携型認定こども園においても、幼稚園においても、一人ひとりの子どもが「快適に」「健康で安全に過ごせるように」し、「生理的欲求が、十分に満たされるように」「健康増進が、積極的に図られるように」[3]する保健衛生的な環境構成や配慮が必要であることは疑いの余地のないことである。また、一人ひとりの子どもが「安定感をもって過ごせるように」「自分の気持ちを安心して表すことができるように」「心身の疲れが癒されるように」配慮し、「周囲から主体として受け止められ、主体として育ち、自分を肯定する気持ちが育まれていくように」[4]援助することにより、子どもは信頼できる保育者を心の拠所にしつつ自立の方向に向かっていく。施設としての役割や機能はそれぞれ異なってはいるが、実際の保育のなかでの養護の重要性は変わるものではなく、養護の重要性は保育所でも幼保連携型認定こども園でも幼稚園でも共通であることを、保育にかかわる私たちは深く認識しなければならない。

＊3　厚生労働省「保育所保育指針」（平成29年3月31日）、「生命の保持」に関するねらい
＊4　厚生労働省「保育所保育指針」（平成29年3月31日）、「情緒の安定」に関するねらい

参考文献

● 社会保障審議会児童部会保育専門委員会「保育所保育指針の改定に関する議論の取りまとめ」(平成28年12月21日)

COLUMN 認定こども園制度のはじまり

　2006(平成18)年10月にはじまった認定こども園制度は、「就学前の子どもに幼児教育・保育を提供する機能」と「地域における子育て支援を行う機能」を備え、各都道府県の認定基準を満たすことで都道府県知事から「認定こども園」の認定を受けるというしくみで、認可の種類によって下の4つのタイプに分けられていた[*5]。

○幼保連携型：認可幼稚園と認可保育所とが連携して、一体的な運営を行うことにより、認定こども園としての機能を果たすタイプ

○幼 稚 園 型：認可幼稚園が、保育に欠ける子どものための保育時間を確保するなど、保育所的な機能を備えて認定こども園としての機能を果たすタイプ

○保 育 所 型：認可保育所が、保育に欠ける子ども以外の子どもも受け入れるなど、幼稚園的な機能を備えることで認定こども園としての機能を果たすタイプ

○地方裁量型：幼稚園・保育所いずれの認可もない地域の教育・保育施設が、認定こども園として必要な機能を果たすタイプ

　上の4タイプのうち、幼保連携型認定こども園だけが、2015(平成27)年4月から「学校」および「児童福祉施設」としての法的位置づけをもつ単一の施設となった。

(松川恵子)

＊5　文部科学省・厚生労働省幼保連携推進室「認定こども園パンフレット」(施設・行政担当者向け) 2006.

第3講

保育所保育指針に基づく保育内容の理解②教育

本講では、保育所における教育（乳・幼児期の教育）について考える。Step1では、保育所保育指針の第2章（保育の内容）の概要について解説する。Step2では、保育記録から一人ひとりの子どもがどのような経験をし、どのような力を身に付けているかを演習形式で学ぶ。また、Step3では、「育みたい資質・能力」と「幼児期の終わりまでに育ってほしい姿」について紹介し、解説する。

Step 1

1. 保育所保育指針第2章（保育の内容）の概要

　保育所保育指針（以下、保育指針）第2章（保育の内容）には、「『教育』とは、子どもが健やかに成長し、その活動がより豊かに展開されるための発達の援助である」と記されている。そのように教育をとらえると、乳児期から教育が必要であることは自明の理である。第2章（保育の内容）では、「乳児保育」「1歳以上3歳未満児の保育」「3歳以上児の保育」の各時期について、「(1) 基本的事項」「(2) ねらい及び内容」「(3) 保育の実施に関わる配慮事項」が記されている。

　「(1) 基本的事項」では、ア　発達の特徴、イ　発達に関する視点（領域）、ウ　養護と教育が一体となって展開されるものであることに留意が必要であること、の3点について、各時期に応じて記載されている。

　「(2) ねらい及び内容」には、「ねらい」「内容」「内容の取扱い」が各時期の発達の特徴を踏まえて記載されている。「ねらい」は、「第1章の1の(2)に示された保育の目標をより具体化したもの」であり、「保育を通じて育みたい資質・能力を、子どもの生活する姿から捉えたもの」である。「保育を通じて育みたい資質・能力」とは、「豊かな体験を通じて、感じたり、気付いたり、分かったり、できるようになったりする『知識及び技能の基礎』」「気付いたことや、できるようになったことなどを使い、考えたり、試したり、工夫したり、表現したりする『思考力、判断力、表現力等の基礎』」「心情、意欲、態度が育つ中で、よりよい生活を営もうとする『学びに向かう力、人間性等』」である（**図表3-1**）。保育活動全体を通じて子どもにどのような資質・能力を育むのか、子どもがどのような力を身につけるのかという「ねらい」を明確にもつ必要がある。「内容」は、「『ねらい』を達成するために、（中略）保育士等が援助して子どもが環境に関わって経験する事項を示したもの」であり、「内容の取扱い」は、子どもの発達を踏まえた保育を行うに当たって留意すべき事項を示している（なお、「ねらい及び内容」は、「子どもが発達する姿から捉えたもの」であるため、子どもを主語にして読むことが肝要である）。

　「(3) 保育の実施に関わる配慮事項」では、各時期の保育を実施するに当たって配慮すべき事項が、それぞれの時期に応じて記載され、最後に「保育の実施に関して留意すべき事項」として、「(1) 保育全般に関わる配慮事項」「(2) 小学校との連携」「(3) 家庭及び地域社会との連携」が挙げられている。

　第2章（保育の内容）では、主に教育にかかわる側面から示されているが、「実際の保育においては、養護と教育が一体となって展開される」ものであり、保育は養護と教育が一体的に展開されていくものとして捉える必要がある。

図表3-1 幼児期において育みたい資質・能力

幼児教育において育みたい資質・能力の整理

〈小学校以上〉
- 知能・技能
- 思考力・判断力・表現力等
- 学びに向かう力・人間性等

※下に示す資質・能力は例示であり、遊びを通しての総合的な指導を通じて育成される。

〈幼児教育〉〈環境を通して行う教育〉

知識・技能の基礎
(遊びや生活の中で、豊かな体験を通じて、何を感じたり、何に気付いたり、何が分かったり、何ができるようになるのか)
- 基本的な生活習慣や生活に必要な技能の獲得 ・身体感覚の育成
- 規則性、法則性、関連性等の発見
- 様々な気付き、発見の喜び
- 日常生活に必要な言葉の理解
- 多様な動きや芸術表現のための基礎的な技術の獲得 等

思考力・判断力・表現力等の基礎
(遊びや生活の中で、気付いたこと、できるようになったことなども使いながら、どう考えたり、試したり、工夫したり、表現したりするか)
- 試行錯誤、工夫
- 予想、予測、比較、分類、確認
- 他の幼児の考えなどに触れ、新しい考えを生み出す喜びや楽しさ
- 言葉による表現、伝え合い
- 振り返り、次への見通し
- 自分なりの表現
- 表現する喜び 等

遊びを通しての総合的な指導

学びに向かう力・人間性等
(心情、意欲、態度が育つ中で、いかによりよい生活を営むか)
- 思いやり ・安定した情緒 ・自信
- 相手の気持ちの受容 ・好奇心、探究心
- 葛藤、自分への向き合い、折り合い
- 話合い、目的の共有、協力
- 色・形・音等の美しさや面白さに対する感覚
- 自然現象や社会現象への関心 等

・三つの円の中で例示される資質・能力は、五つの領域の「ねらい及び内容」及び「幼児期の終わりまでに育ってほしい姿」から、主なものを取り出し、便宜的に分けたものである。

資料：中央教育審議会「幼稚園、小学校、中学校、高等学校及び特別支援学校の学習指導要領等の改善及び必要な方策等について（答申）」（平成28年12月21日）

2. 乳児保育にかかわるねらいおよび内容

　乳児期は、視覚・聴覚などの感覚や、座る・はうなどの運動機能が著しく発達する時期である。一方で、大人からの養護的なかかわりが非常に重要な時期でもあり、乳児保育では、特定の保育士が愛情豊かに応答的にかかわり、養護と教育の一体性を特に強く意識して行われることが重要である。

「ねらい及び内容」について

　乳児期は、生活や遊びが充実することを通して、子どもたちの身体的・社会的・精神的発達の基盤を培う時期であるため、以下の3つの視点から乳児の発達をとらえ、「ねらい」「内容」「内容の取扱い」が示されている（図表3-2）。

　ア　身体的発達に関する視点「健やかに伸び伸びと育つ」
　　健康な心と体を育て、自ら健康で安全な生活をつくり出す力の基盤を培う。
　イ　社会的発達に関する視点「身近な人と気持ちが通じ合う」
　　受容的・応答的な関わりの下で、何かを伝えようとする意欲や身近な大人との信頼関係

図表3-2　乳児の発達をとらえる視点

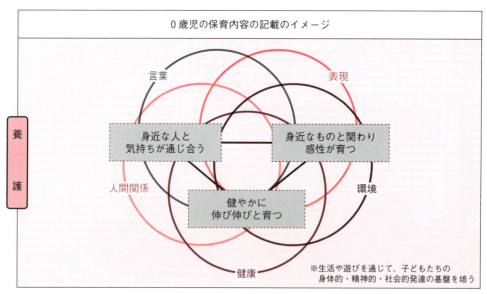

資料：社会保障審議会児童部会保育専門委員会「保育所保育指針の改定に関する議論のとりまとめ」（平成28年12月21日）

　　を育て、人と関わる力の基盤を培う。
　ウ　精神的発達に関する視点「身近なものと関わり感性が育つ」
　　　身近な環境に興味や好奇心をもって関わり、感じたことや考えたことを表現する力の基盤を培う。

　上記の3つの視点から発達をとらえ、乳児期にどのような力（資質・能力）を育てるのか〔ねらい〕、その力を身につけるためにどのような経験ができるように援助するのか〔内容〕、援助をする際にどのようなことに留意するのか〔内容の取扱い〕を十分に理解して保育を実施することが必要である（**参考資料（192・193ページ）参照**）。

保育の実施にかかわる配慮事項

　乳児保育の実施に際しては、心身の機能が未熟であるという乳児期の発達の特性に応じて、以下の5項目について配慮する必要がある。

　ア　乳児は疾病への抵抗力が弱く、心身の機能の未熟さに伴う疾病の発生が多いことから、一人一人の発育及び発達状態や健康状態についての適切な判断に基づく保健的な対応を行うこと。
　イ　一人一人の子どもの生育歴の違いに留意しつつ、欲求を適切に満たし、特定の保育士が応答的に関わるように努めること。

Step1 レクチャー

> ウ 乳児保育に関わる職員間の連携や嘱託医との連携を図り、第3章（健康及び安全）に示す事項を踏まえ、適切に対応すること。栄養士及び看護師等が配置されている場合は、その専門性を生かした対応を図ること。
> エ 保護者との信頼関係を築きながら保育を進めるとともに、保護者からの相談に応じ、保護者への支援に努めていくこと。
> オ 担当の保育士が替わる場合には、子どものそれまでの生育歴や発達過程に留意し、職員間で協力して対応すること。

3. 1歳以上3歳未満児の保育にかかわるねらいおよび内容

この時期には、歩く、走る、跳ぶなどの基本的な運動機能や指先の機能が次第に発達してくる。自分でできることが増えてくる時期であるため、保育者は、子どもの自分でしようとする気持ちを尊重しながら温かく見守り、愛情豊かに応答的にかかわることが必要である。

「ねらい及び内容」について

1歳以上3歳未満児の保育では、以下の5つの視点（領域）から発達をとらえ、「ねらい」「内容」「内容の取扱い」が示されている（**参考資料（193～195ページ）参照**）。

> ア 心身の健康に関する領域「健康」
> 　健康な心と体を育て、自ら健康で安全な生活をつくり出す力を養う。
> イ 人との関わりに関する領域「人間関係」
> 　他の人々と親しみ、支え合って生活するために、自立心を育て、人と関わる力を養う。
> ウ 身近な環境との関わりに関する領域「環境」
> 　周囲の様々な環境に好奇心や探究心をもって関わり、それらを生活に取り入れていこうとする力を養う。
> エ 言葉の獲得に関する領域「言葉」
> 　経験したことや考えたことなどを自分なりの言葉で表現し、相手の話す言葉を聞こうとする意欲や態度を育て、言葉に対する感覚や言葉で表現する力を養う。
> オ 感性と表現に関する領域「表現」
> 　感じたことや考えたことを自分なりに表現することを通して、豊かな感性や表現する力を養い、創造性を豊かにする。

1歳以上3歳未満児の保育にかかわるねらいおよび内容は5領域で示されているが、それぞれの領域に関する学びが、生活や遊びのなかで大きく重なり合いながら

育まれていくということを十分に理解して保育を実施することが必要である。

保育の実施にかかわる配慮事項

　1歳以上3歳未満児の保育の実施に際して、以下の4項目への配慮が必要である。

ア　特に感染症にかかりやすい時期であるので、体の状態、機嫌、食欲などの日常の状態の観察を十分に行うとともに、適切な判断に基づく保健的な対応を心がけること。
イ　探索活動が十分できるように、事故防止に努めながら活動しやすい環境を整え、全身を使う遊びなど様々な遊びを取り入れること。
ウ　自我が形成され、子どもが自分の感情や気持ちに気付くようになる重要な時期であることに鑑み、情緒の安定を図りながら、子どもの自発的な活動を尊重するとともに促していくこと。
エ　担当の保育士が替わる場合には、子どものそれまでの経験や発達過程に留意し、職場間で協力して対応すること。

4．3歳以上児の保育にかかわるねらいおよび内容

　この時期には、基本的な動作や基本的な生活習慣がほぼ自立できるようになり、集団的な遊びや協同的な活動もみられるようになる。3歳以上児の保育においては、個の成長と集団としての活動の充実が図られるようにすることが必要である。

「ねらい及び内容」について

　3歳以上児の保育では、1歳以上3歳未満児の保育と同様に「健康」「人間関係」「環境」「言葉」「表現」の5つの視点（領域）から発達をとらえ、「ねらい」「内容」「内容の取扱い」が示されている（**参考資料（195～198ページ）**参照）。

　3歳以上児の保育については、幼稚園教育要領および幼保連携型認定こども園教育・保育要領との整合性が図られており、「ねらい」「内容」「内容の取扱い」が共通になっている。

保育の実施にかかわる配慮事項

　3歳以上児の保育の実施に際して、以下の3項目への配慮が必要である。

ア　第1章の4の(2)に示す「幼児期の終わりまでに育ってほしい姿」[*1]が、ねらい及び内容

[*1]　「幼児期の終わりまでに育ってほしい姿」については、本講 Step 3 を参照のこと。

> に基づく活動全体を通して資質・能力が育まれている子どもの小学校就学時の具体的な姿であることを踏まえ、指導を行う際には適宜考慮すること。
> イ 子どもの発達や成長の援助をねらいとした活動の時間については、意識的に保育の計画等において位置付けて、実施することが重要であること。なお、そのような活動の時間については、保護者の就労状況等に応じて子どもが保育所で過ごす時間がそれぞれ異なることに留意して設定すること。
> ウ 特に必要な場合には、各領域に示すねらいの趣旨に基づいて、具体的な内容を工夫し、それを加えても差し支えないが、その場合には、それが第1章の1に示す保育所保育に関する基本原則を逸脱しないよう慎重に配慮する必要があること。

5. 保育の実施に関して留意すべき事項

「(1) 保育全般に関わる配慮事項」として、①心身の発達などの個人差をふまえ、一人ひとりの子どもの気持ちを受け止めて援助する、②子どもの健康は生理的・身体的な育ちと自主性・社会性・豊かな感性の育ちとがあいまってもたらされることに留意する、③子どもが自ら環境にはたらきかけ、試行錯誤しつつ自分の力で行う活動を見守りながら適切に援助する、④入所時にはできるだけ個別的に対応し、子どもが安定感を得て保育所の生活になじんでいくようにし、すでに入所している子どもに不安や動揺を与えないようにする、⑤子どもの国籍や文化の違いを認め、尊重する心を育てるようにする、⑥子どもの性差や個人差に留意しつつ、性別などによる固定的な意識（ジェンダー）を植え付けることがないようにする、などがある。

「(2) 小学校との連携」に関しての配慮事項は、①保育所保育が小学校以降の生活や学習の基盤の育成につながることに配慮し、幼児期にふさわしい生活を通じて創造的な思考や主体的な生活態度などの基礎を培うようにする、②保育所保育において育まれた資質・能力をふまえ、小学校教育が円滑に行われるよう、小学校教師との意見交換や合同の研究の機会などを設け、「幼児期の終わりまでに育ってほしい姿」を共有するなど連携を図り、保育所保育と小学校教育との円滑な接続を図るよう努める、③保育所に入所している子どもの就学に際し、子どもの育ちを支えるための資料が保育所から小学校へ送付されるようにする、などがある。

「(3) 家庭及び地域社会との連携」に関しては、子どもの生活の連続性をふまえ、家庭や地域社会と連携して保育が展開されるよう、地域の自然、人材、行事、施設等の資源を積極的に活用し、保育内容が充実するよう配慮することが必要である。

Step2

演習 保育実習Ⅰ（保育所実習）での実習生の記録を読んで考えてみよう

課題

① この場面で、A君・B君は、それぞれにどのようなことを経験し、どのような力を身につけているのかを考える。
② この場面で、Cちゃんはどのようなことを経験し、どのような力を身につけているのかを考える。
③ おおむね2歳ごろから5歳ごろの発達の特徴に応じて、けんかの対応を考える。

実習日誌

2月○日（4歳児△△組）

　自由遊びのとき、A君とB君が絵本の取り合いをしていました。A君は「この本ぼくが持ってきたの！」と言い、B君は「これ、ぼくが読みたかった本なの！」と言って、お互いに譲らず、絵本を引っ張り合っていました。だんだん言い合いがエスカレートしてきて、今にもたたき合いになりそうだったので、私は急いでA君とB君の近くに行きました。

　私と一緒に遊んでいたCちゃんもついてきて、A君・B君に「これはみんなの絵本だよ。だから、一緒にみるか、順番を決めてみればいいでしょ！」と言いました。2人は、あんなに自分のものだと言っていたのに、Cちゃんの言葉を聞いてお互いに謝り、一緒に同じ絵本をみていました。

　私は、自分が何もできなかったことがくやしかったのですが、それよりも私が何もしなくてもけんかが解決してしまったことに驚きました。反省会でこのことを話すと、先生は「この子たちは、これまでに何回もけんかしてきているので、けんかになったらどうしたらいいのかわかってきているのかもしれませんね。特に周りでみているCちゃんのような子は、冷静に状況をとらえて解決策を考えられるようになっているのですね。もうすぐ年長さんですから」とおっしゃり、けんかの対応として、それぞれの思いを聞いて気持ちを受け止め、お互いに相手の気持ちに気づき理解したうえで、どう解決したらいいのかを子どもたちが考えられるように保育士も一緒に考えるといい、ということを教えてくださいました。

　今日ははじめてけんかに遭遇したため、うまく対応できませんでしたが、次にけんかの場面に出合ったら、教えていただいたように子ども一人ひとりの気持ちを聞き、一緒に解決できるようにしたいと思いました。

Step2 プラクティス

進め方

演習1について、はじめに一人ひとりが考えたことをノートに記入し、それをもとにグループの人たちと話し合ってみよう。

① A君・B君は、お互いが自分の視点から「自分はこの絵本を読みたい！」ということを主張するだけで、相手の思いを受け入れられるような状況ではなかった。しかし、Cちゃんの言葉を聞いて少し冷静になり、相手も絵本を読みたいのだという気持ちに気づき、Cちゃんの提案を納得して受け入れたのではないかと考える。保育所保育指針（以下、保育指針）第2章（保育の内容）の「3　3歳以上児の保育に関するねらい及び内容」を参考に考えてみると、領域「人間関係」の「自分の思ったことを相手に伝え、相手の思っていることに気付く」という経験や、「共同の遊具や用具を大切にし、皆で使う」という経験をしていると考えられる。そして、そのような経験を通して、「社会生活における望ましい習慣や態度を身に付け」ていると考えることができる。また、領域「言葉」の「したいこと、してほしいことを言葉で表現」したり、「人の話を注意して聞」いたりする経験をし、「人の言葉や話などをよく聞き、（中略）伝え合う喜びを味わ」っているとも考えられる。

保育指針第2章（保育の内容）の「3　3歳以上児の保育に関するねらい及び内容」を参照し、他にも考えてみよう。

② Cちゃんは、A君・B君がけんかしている場面に遭遇し、それぞれの思いを察しながら解決方法を考え、伝えることができている。集団生活のルールや過ごし方について、自分たちで主体的に課題を解決したり、生活を創造したりする力が芽生えてきているのではないかと考えられる。保育指針第2章（保育の内容）の「3　3歳以上児の保育に関するねらい及び内容」を参考にして考えてみよう。

③ おおむね2歳ごろから子ども同士のかかわりが多くみられるようになるが、自分の思いが中心で、まだ相手の気持ちに気づくことができない。おおむね5歳ごろには、友だちの考えを受け入れながら自分たちでけんかなどを解決することができるようになる。保育指針第2章（保育の内容）の「(1) 基本的事項」アおよび領域「人間関係」の「内容の取扱い」を参考にして考えてみよう。

Step 3

「育みたい資質・能力」と「幼児期の終わりまでに育ってほしい姿」について

　保育指針では、第1章（総則）「4　幼児教育を行う施設として共有すべき事項」として、「生涯にわたる生きる力の基礎を培うため」の3つの資質・能力（「知識及び技能の基礎」「思考力、判断力、表現力等の基礎」「学びに向かう力、人間性等」）を一体的に育むよう努めるとし、併せて10項目の「幼児期の終わりまでに育ってほしい姿」（以下、10の姿）を示している。

　3つの資質・能力と「10の姿」は、2017（平成29）年3月改訂（定）幼稚園教育要領、幼保連携型認定こども園教育・保育要領および保育指針において共通に記載された。保育指針では、保育所における教育の役割、特に3歳以上における幼児教育の意義を明確にしたといえる。そして、保育所、幼稚園、幼保連携型認定こども園、いずれの施設であっても、小学校の教師と「10の姿」を手がかりに子どもの姿を共有するなど、乳幼児期に育まれた資質・能力をふまえ、小学校との円滑な接続を図ることが求められている。

　保育指針では、3つの視点・5領域の視点から教育にかかわる「ねらい」および「内容」が示されているが、「10の姿」は、乳幼児期にふさわしい生活や遊びのなかで、それぞれの時期に示された「ねらい」「内容」を達成できるよう日々保育実践を積み重ねることにより、小学校就学時の子どもに見られる具体的な姿である。実際の保育では、「10の姿」が到達すべき目標ではないことに留意し、一人ひとりの子どもが発達していく方向を意識して、その方向に育ってほしいという願いと見通しをもち、それぞれの時期にふさわしい指導を積み重ねていくことが求められる。

　図表3-3は、子どもが主体的に環境とかかわり、資質・能力を身につけていく姿として筆者が考えたイメージ図である。

　乳児期（①）、子どもは、乳児なりに自分から環境にかかわり、資質・能力を身につけ、発達している。その発達する姿は3つの視点で示された「ねらい」「内容」を達成している姿であり、乳児期の終わりには②のように発達を遂げている。

　ここでは、1歳児以降を幼児期と考えているが、幼児期（③④）にも乳児期同様、その時期にふさわしい生活のなかで、子どもは自分から環境にかかわり、5領域の視点で示された「ねらい」「内容」を達成し、資質・能力を身につけ、発達している。そして、幼児期の終わり（5歳児後半）に、「保育活動全体を通して資質・能力が育まれている」具体的な姿が⑤であると考える。

　⑤の「10の姿」は、乳児期からの発達の連続により育まれている資質・能力が

Step3 プラスα

図表3-3　「育みたい資質・能力」

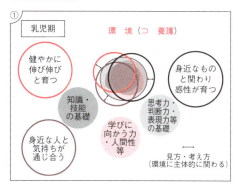

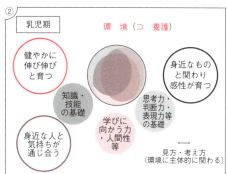

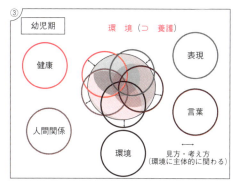

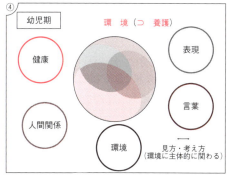

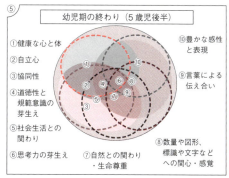

収斂（しゅうれん）している姿であり、5歳児の終わりになって突然みられるようになるものではない。0歳児から、その時々に育みたい資質・能力を育むことができるように、「ねらい」「内容」を達成できるように保育者が指導し、子どもに育まれてきた資質・能力が積み重ねられた姿である。そして、その姿を保育所児童保育要録、幼稚園幼児指導要録、幼保連携型認定こども園園児指導要録を通して小学校に伝えていく。

　このように、乳児期から育まれた資質・能力の集積が幼児期の終わりにみられる「10の姿」であり、この「10の姿」を小学校教師と共有し、一人ひとりの子どもの育ちについて語り合い、それが小学校の学びへとつながるような保幼小連携が求められている。

参考文献
- 社会保障審議会児童部会保育専門委員会「保育所保育指針の改定に関する議論の取りまとめ」(平成28年12月21日)
- 中央教育審議会「幼稚園、小学校、中学校、高等学校及び特別支援学校の学習指導要領等の改善及び必要な方策等について（答申）」(平成28年12月21日)
- 厚生労働省雇用均等・児童家庭局保育課「保育所保育指針の改定について」(平成29年6月　説明資料)

COLUMN　幼児期の教育と小学校以降の教育との連続性

　2017（平成29）年3月改定の保育所保育指針、幼保連携型認定こども園教育・保育要領、幼稚園教育要領では、幼児教育を行う施設として共通の「育みたい資質・能力」および「幼児期の終わりまでに育ってほしい姿」が示されている。

　「育みたい資質・能力」（知識・技能の基礎、思考力・判断力・表現力等の基礎、学びに向かう力・人間性等）については、小学校以降の教育においても「育成を目指す資質・能力」として3つの柱で整理されている。学校教育のなかで、子どもたちの発達や学びの連続性という縦の視点からも、教科間のつながりという横の視点からも、学習によって育みたい・育まれた力（資質・能力）を共通の土俵に載せ、それぞれの段階や教科間の育ちを関係づける"柱"として「育成を目指す資質・能力」が位置づけられている。

　「幼児期の終わりまでに育ってほしい姿」については、小学校学習指導要領第1章（総則）の「第2　教育課程の編成」の「4　学校段階等間の接続」の(1)において、「幼児期の終わりまでに育ってほしい姿を踏まえた指導を工夫することにより、幼稚園教育要領等に基づく幼児期の教育を通して育まれた資質・能力を踏まえて教育活動を実施し、児童が主体的に自己を発揮しながら学びに向かうことが可能となるようにすること」と記載され、幼児期の教育と小学校教育をつなぐ架け橋（バトン）のようなものとして位置づけられている。

（松川恵子）

第4講

保育内容の歴史的変遷とその社会的背景

本講では、①「保育所保育指針」の歴史的な変遷、②「児童福祉施設の設備及び運営に関する基準」(旧・児童福祉施設最低基準)、③「幼稚園と保育所との関係について」について取り上げ、現場に従事する保育者に求められる保育内容の基準について学ぶ。Step1ではこれらを解説し、Step2では①および③に関する問題を演習形式で学ぶ。そしてStep3では、現在の保育所保育指針で保育者が大切にしなければならない保育内容の基準の特徴を学ぶ。

Step 1

1. 保育所保育指針の歴史的変遷

終戦後の保育内容の基準ができるまで

　わが国の保育内容の制度的基準に関する歴史は、古くは1899（明治32）年の「幼稚園保育及設備規程」にさかのぼるといわれる。そして第二次世界大戦の終戦を機に今日のような保育制度が整備され、保育内容の基準も明文化されていく。その歴史について解説していく。

　終戦当時の子どもたちの状況は、戦争孤児という言葉に代表されるように、家庭や地域環境の荒廃により子どもたちの状況に格差があったため、すべての子どもが等しく、よりよく生きていける環境にはなかった。そのようななか、幼稚園や託児所（保育所の前身）は戦災により多くが消失し、保育する場所もままならない状況であり、公園などで行われていた青空保育とも呼ばれるものが、重要な役割を担っていたといわれる。

　保育制度が本格的に整えられるのは、「日本国憲法」が制定され、その理念に基づいて福祉および教育の法律が次のように策定されてからである。

　1つは「児童福祉法」（1947（昭和22）年）である。そこにはすべての児童が心身ともに健やかに生まれ、かつ、育成される権利や生活が保障され、愛護される権利を認められなければならないとする福祉理念が貫かれている。この法律のなかで保育所は、保育に欠ける乳幼児を保育することを目的とする児童福祉施設と定められた。

　もう1つはわが国の教育理念が示された「教育基本法」（1947（昭和22）年）の制定である。それを具現化するかたちで「学校教育法」（1947（昭和22）年）が策定され、この法律のなかで幼稚園は、学校教育の一種として定められた。この2つの法律により、いわゆる保育の二元化がスタートしたのである。

　教育と福祉の分野に分かれた幼稚園と保育所は、それぞれの保育内容基準を取り決める際、子どもたちの間に差が生じてはならないとした保育関係者の努力によって、共通した基準が作成された。それが「保育要領」である。

「保育要領——幼児教育の手引き」（1948（昭和23）年）

　保育要領は「幼児教育の手引き」という副題をもち文部省から刊行されるが、厚生省および保育関係者とともに作成された国内共通の保育内容基準として示された。この手引書は、幼稚園における先生と、保育所における保母、そして家庭で育

児をする母親たちに向けて書かれたものである。幼児の発達的特質がどのようなものであるかを教示し、それに応じた適切な教育や世話の仕方を示すとともに、子どもたちの成長と発達を助長するための養育・保育の方法に役立つものとして編集された。そのとき示されたのは、倉橋惣三（くらはしそうぞう）らが提唱した「幼児の楽しい経験12項目」であった。

> **保育要領──幼児教育の手引き（1948（昭和23）年）より**
> 1 見学　2 リズム　3 休息　4 自由遊び　5 音楽　6 お話　7 絵画　8 製作
> 9 自然観察　10 ごっこ遊び・劇遊び・人形芝居　11 健康保育　12 年中行事

保育要領のまえがきには「学理と経験にもとづいた正しい保育の仕方を普及徹底して、国の将来をになう幼児たちを心身ともに健やかに育成していくことに努めなければならない」というわが国の保育に対する意気込みが謳（うた）われ、この理念は後の幼稚園教育要領や保育所保育指針に受け継がれていくこととなる。

保育所保育内容の体系化──「保育所保育指針」の変遷

（1）保育所保育指針とは

「保育要領」以降は、幼稚園と保育所は各々の歩みを進めていくこととなる。

保育所に先んじて幼稚園については、1956（昭和31）年に「幼稚園教育要領」が発刊される。これは保育要領を改訂したものである。保育内容12項目であったものが、「健康、社会、自然、言葉、音楽リズム、絵画製作」の6領域に分類され、「領域」という語が使用されるようになる。当時領域とは、小学校との一貫的教育を目標としながらも「小学校以上の教科とは、その性格を大いに異にするもの」と示されるのが特徴である。「幼稚園教育要領」はその後、1964（昭和39）年の第1次改訂、1989（平成元）年の第2次改訂、1998（平成10）年の第3次改訂、2008（平成20）年の第4次改訂、2017（平成29）年の第5次改定（現在）へと進んでいく。

一方「保育所保育指針」は、1965（昭和40）年にはじめて刊行される。「保育要領」以降、内容の基準を示すものとして、「児童福祉施設最低基準」（1948（昭和23）年）、「保育所運営要領」（1950（昭和25）年）、「保育指針」（1952（昭和27）年）が規定されている。これらの特徴は保育所だけでなく、すべての児童福祉施設の保育に関する専門事項をとりまとめたものであった。

保育所独自で保育内容に関する基準を設けたのが、1965（昭和40）年に作成された「保育所保育指針」である。

（2）保育所保育指針の変遷の特徴

　保育所の保育内容の基準として、1965（昭和40）年に最初の保育所保育指針（以下、保育指針）が規定されたが、以降25年間は改定されなかった。平成になってからは幼稚園教育要領（以下、教育要領）とほぼ同じ時期に見直しが図られ、現行の保育指針は4回目の改定となっている。

　保育内容に関する国家的基準づくりは、歴史的にみると幼稚園の制度として発展していき、保育所独自の基準づくりがそれに続くかたちで作成されている。

　戦後、児童福祉法が制定されたときに、保育所の保育内容は児童福祉施設最低基準第35条のなかで示されたのだが、「健康状態の観察、服装等の異常の有無についての検査、自由遊び及び昼寝、健康診断」と示されるように、極めて簡単な表記にすぎなかった。

　保育所の保育内容の基本的な性格が具体的に示されたのは、1965（昭和40）年の「保育所保育指針」であった。この作成のきっかけとなったのは、1956（昭和31）年に文部省が「幼稚園教育要領」を刊行したことに刺激され、当時の厚生省保育指導専門官であった岡田正章らの起案により厚生省児童家庭局より発刊されたといわれる。また、1963（昭和38）年に「幼稚園と保育所との関係について」（文部・厚生省局長通知）が発出されたことをうけての編集であり、保育所の基本的な性格を明らかにするためにも保育指針の作成が望まれたことにある。

　そこにおいて保育所とは「養護と教育が一体となって、豊かな人間性を持った子どもを育成するところ」であると示されるとともに、乳幼児を「望ましいおもな活動」に導くために、年齢の違いに目を向けながら個に応じた保育を行うことが保育所の特性であると記述されている。

　保育内容の基準としての保育指針は、局長通知として発行されることで単なるガイドラインとして発行されていた。そこには一般化された年齢区分による保育内容が示されており、保母が実際に援助を営む際の具体的な方針が書かれていた。

　年齢区分ではなく、一人ひとりの子どもの発達過程に注目した「発達過程区分」に転換されるのは、1999（平成11）年の改定である。保母から保育士という名称に変更（1999（平成11）年）され、保育士資格が法制化（2003（平成15）年施行）されたことも反映されている。

　また、乳幼児に対する相談助言を特徴とする子育て支援が、保育所の役割であると明記されたのもこのときである。

　2008（平成20）年改定の保育指針は、制度や形式的な変更が大きい。局長通知文書であったものが、厚生労働大臣による「告示」になり、ガイドラインから法的拘

束力をもつ国家基準へと転換された意義は極めて大きい。

　少子化の影響等による子どもの育ちの問題に対し、その社会的役割を十分に果たすことが保育所に義務づけられ、保育内容の質的な充実を図ることを期待しての告示化であった。告示化に伴い、保育内容に関する記述は従来の保育指針から大きく変更、大綱化された。

図表4-1　「教育要領」「保育指針」「教育・保育要領」の成立と変遷

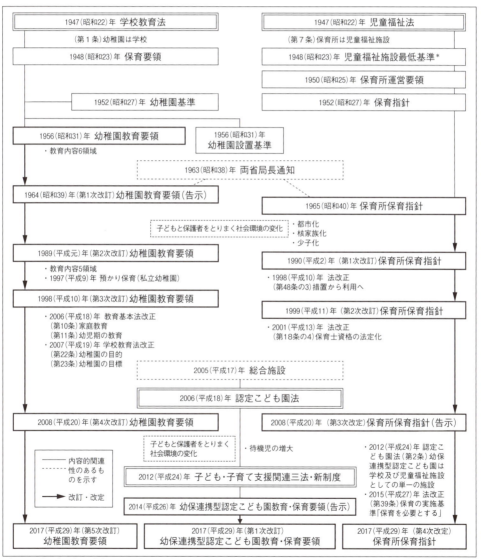

注）昭和39年以降の幼稚園教育要領、平成2年以降の保育所保育指針は公式的に「改訂」、「改定」という語は用いられていない。また、改訂（定）の次数（名称）は筆者が独自に用いたものである。
＊2011(平成23)年に「児童福祉施設の設備及び運営に関する基準」に改称

出典：民秋言編『幼稚園教育要領・保育所保育指針・幼保連携型認定こども園教育・保育要領の成立と変遷』萌文書林, pp.10-11, 2017.

1999（平成11）年改定の保育指針では年齢の発達過程（2歳児、3歳児等）ごと区分して各章に記載されていた保育の内容に関する記述が、すべて一括して第3章にまとめられた。

　保育所での保育の「ねらい」と「内容」に関して、保育士が具体的に把握する視点として、「養護に関わる（生命の保持と情緒の安定）」部分と、「教育に関わる（5領域）」部分の両面から示すことで、よりわかりやすくなっている。

　2017（平成29）年の保育指針では、保育の量的拡大と質の向上を図ることがますます課題となっていることがあげられる。

　平成27年度より「子ども・子育て支援新制度」が施行された背景をふまえ、①乳児および1歳以上3歳未満児の保育内容に対して、3歳以上児とは別に項目を設け、保育に関する記載を充実させている。また、②保育所保育における幼児教育の積極的位置づけを示し、「育みたい資質・能力」「幼児期の終わりまでに育って欲しい姿」、すなわち「10の姿」が明記されているのも特徴である。③健康および安全の記載の見直し、④保護者・家庭および地域と連携した子育て支援の必要性、⑤職員の資質・専門性の向上を強調した改定となっている。

　以上のように1965（昭和40）年以降50年を経過している保育指針は、教育要領とともに、その時代背景を分析しながら不易と流行の役割を意識した改定を行っている。そして保育内容の質的充実を図る最低基準としての役割が、明確に位置づいてきたといえる。保育施設に従事する保育士にとって指針は、実践を行う際のよりどころである。2014（平成26）年には、幼保連携型認定こども園を対象とした「教育・保育要領」が作成され告示されたが、保育指針や教育要領は、名実ともにわが国の就学前教育・保育の質を高めるための規範となっていることはいうまでもない。

2. 児童福祉施設の設備及び運営に関する基準（旧・児童福祉施設最低基準）

　児童福祉施設の設備及び運営に関する基準は、児童福祉法制定により、同法第45条〔設備及び運営に関する基準の制定等〕に基づいて定められた省令であり、2011（平成23）年の改正前は児童福祉施設最低基準（以下、最低基準）といわれていたものである。都道府県知事は、その監督する児童福祉施設に対して、最低基準を超えて、その設備及び運営を向上させるように勧告することができると規定しており、施設運営上の重要な基準であるとともに、各児童福祉施設が質の向上を図るために示された規定である。

Step1 レクチャー

　保育所は児童福祉施設の一種であり、最低基準の第5章に規定された。ここに規定された項目は、設備の基準、職員、保育時間、保育の内容、保護者との連絡、公正な選考、利用料に関することである。また、保育指針の告示化にともない、最低基準第35条（保育の内容）は、2008（平成20）年に以下のように改正された。

平成20年改正前最低基準（第35条）	平成20年改正後最低基準（第35条）
保育所における保育の内容は、健康状態の観察、服装等の異常の有無についての検査、自由遊び及び昼寝のほか、第12条第1項に規定する健康診断を含むものとする。	保育所における保育は、養護及び教育を一体的に行うことをその特性とし、その内容については、厚生労働大臣が、これを定める。 （2009（平成21）年4月1日施行）

児童福祉施設の設備及び運営に関する基準

　児童福祉法の一部改正が2012（平成24）年に行われた。第45条〔設備及び運営に関する基準の制定等〕において、その基準を条例で定めることとして都道府県に委任することを明記している。人員・居室面積・人権侵害防止等の厚生労働省で定める基準は「従うべき基準（条例の内容を直接的に拘束または必ず適合しなければならない基準）」であり、そのほかは「参酌すべき基準（地域の実情に応じて、異なる内容が定められることが許容されるもの）」とされた。

　現在、認可保育所の施設等の最低基準は、所在する都道府県の「児童福祉施設の設備及び運営に関する基準を定める条例」に従い運営されており、子どもたち一人ひとりの健やかな育ち、よりよく生きる権利が法律によって守られている。

3.「幼稚園と保育所との関係について」（文部・厚生省局長通知）

　戦後にはじまった保育の二元制度であったが、その両施設の普及が急速に進んでいった。人間形成の基礎を培う幼児教育の重要性が認識され、幼稚園と保育所の双方がその一翼を担っていることに鑑みた対策が講じられたのが、1963（昭和38）年の「幼稚園と保育所との関係について」である。

　保育所は「保育に欠ける児童」（児童福祉法第39条では「保育を必要とする乳児・幼児」）の保育を行うことであり、幼稚園とは明らかに機能を異にすることが強調されている。また、保育所のもつ機能のうち、教育に関するものは「幼稚園教育要領」に準ずることが望ましいと規定された。これ以後、教育要領の内容が改訂されると、保育指針の改定にも大きく影響していくこととなった。

Step2

演習1 保育所保育指針（平成20年告示）が、告示化された背景や理由について保育士が理解しなければならないことを考えてみよう

課題

① 2001（平成13）年公布、2003（平成15）年施行の「児童福祉法の一部を改正する法律」に記載されている保育士資格の法定化に関する内容をまとめ、結果を考察する。

② 2008（平成20）年発刊の「保育所保育指針解説書」に記載されている保育所保育指針（以下、保育指針）の2008（平成20）年改定の要点をまとめ、結果を考察する。

進め方

（1）準備するもの

① 「児童福祉法の一部を改正する法律等の公布について」（2001（平成13）年11月30日、厚生労働省雇用均等・児童家庭局長通知）を資料として活用することが必要である。

② 「保育所保育指針解説書」（2008（平成20）年3月、厚生労働省雇用均等・児童家庭家庭局保育課）を資料として活用することが必要である。

（2）方法

① 法定化に関する背景

　保育需要が高まっているわが国では社会問題として、保育士資格が詐称され、その社会的信用が損なわれており、このような実態に対処する必要があることをまとめていく。

　また、保育士は地域の子育て支援の中核を担うべき専門職として重要性が高まっており、それを背景として保育士資格が法定化されるに至ったことを理解していく。

　さらに都市化や核家族化に伴い、子育ての基盤となる家庭教育の機能が低下していることを背景に、子どもたちの成長を図るために、保育士が保護者に対し「保育に関する指導」を行うことが業務として位置づけられたことなど、重要な役割を果たさなければならないことを理解していく。そのためには保育士が知識

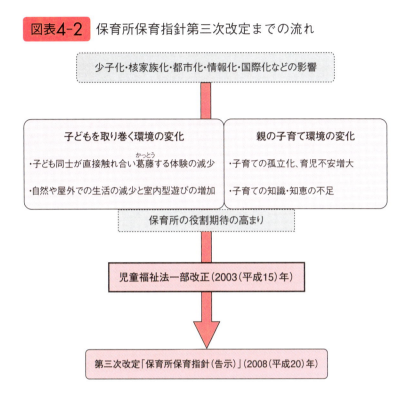

図表4-2 保育所保育指針第三次改定までの流れ

や技能をもち、保育の模範としての専門的実践を行うことが社会的に強く求められている状況を認識し、国内の保育所の水準の維持、向上を保障するために「保育所保育指針」が告示化されることとなった背景を読み取っていく。

② 保育所保育指針が改定された要点

これまでの保育指針は局長通知であったが、2008（平成20）年から厚生労働大臣告示となった理由を調べていくことが望まれる。

告示となることで、保育所の役割と機能の重要性が社会的に認識されることとなり、保育所の社会的責任が重くなったことを物語っている。告示化されたということは、保育指針の内容が現場に浸透し、その主旨が十分に理解されなければならないことを意味するが、原則をふまえたうえで個々の保育所や一人ひとりの保育士が、その独自性を発揮し、実践上の創意工夫を図っていくために示された大綱的な規範としてのあり方についても、読み取らなければならない。

> **演習 2** 2017（平成29）年告示の「幼稚園教育要領・保育所保育指針・幼保連携型認定こども園教育・保育要領」に示されている内容のなかから、それぞれの園等における幼児教育の共通性を見いだし、わが国の幼児教育に対する位置づけをディスカッションしてみよう

課題

① 「幼稚園教育要領」（2017（平成29）年）と「保育所保育指針」（2017（平成29）年）に記載されている内容を比較して、その共通点と相違点をまとめ、結果を考察する。

② 次に「幼保連携型認定こども園教育・保育要領」（2017（平成29）年）に記載されている内容とも比較し、3歳以上の幼児に関する教育の特徴をまとめ、結果を考察する。

進め方

（1）準備するもの

① 幼稚園教育要領（2017（平成29）年：文部科学省）と保育所保育指針（2017（平成29）年：厚生労働省）を資料として活用することが必要である。また、幼稚園教育要領解説（2017（平成29）年）および保育所保育指針解説書がそれぞれ作成されているので、それらを資料として活用することもまとめるうえで効果的である。

② 幼保連携型認定こども園教育・保育要領（2017（平成29）年：内閣府・文部科学省・厚生労働省告示第1号）を資料として活用することが必要である。特に第2章の「ねらい及び内容並びに配慮事項」を熟読し、先の幼稚園教育要領、保育所保育指針の該当箇所と比較しよう。

（2）方法

2017（平成29）年の改定では、幼児教育の積極的な位置づけを意味するものとして「幼児期に育みたい資質・能力」「幼児期の終わりまでに育ってほしい姿」という項目で、それぞれ記載されていることに注目する。

① 幼稚園教育要領では、第1章（総則）の第2にそれが示されている。また、第1章（総則）の第3には、「幼児期の終わりまでに育ってほしい姿（10の姿）」を

Step2 プラクティス

ふまえ、教育課程を編成し、実施状況を評価して改善を図り、その実施に必要な人的・物的な体制を確保することを通して組織的、計画的に各幼稚園の教育活動の質の向上を図ること（カリキュラム・マネジメント）に努めるよう示されている。

さらに小学校との接続にあたっての留意事項にも「幼児期の終わりまでに育ってほしい姿」を共有する重要性が示されていることに注目する。

幼稚園教育要領の第2章には、幼児期の終わりまでに育ってほしい姿からとらえた「ねらい及び内容」が示されている。幼児の発達の側面から5領域も従来どおり示されている。

② 保育所保育指針では、第1章（総則）の「4 幼児教育を行う施設として共有すべき事項」に注目する。そこには、「(1) 育みたい資質・能力」「(2) 幼児期の終わりまでに育ってほしい姿」の項目が特記され、幼稚園教育要領同様の内容が示されている。

さらに、第2章（保育の内容）では、3歳以上児の保育に関する記述が、幼稚園教育要領の内容に準じて示されていることにも注目する。

③ 幼保連携型認定こども園教育・保育要領では、第1章（総則）の第1の「3 幼保連携型認定こども園の教育及び保育において育みたい資質・能力及び『幼児期の終わりまでに育ってほしい姿』」の項目が示されている。さらに第2章（ねらい及び内容並びに配慮事項）では、「第3 満3歳以上の園児の教育及び保育に関するねらい及び内容」と、5領域が示されていることに注目する。

2017（平成29）年の改定では、「幼児期の終わりまでに育ってほしい姿」が特記され、その幼児教育としての役割がそれぞれ明確になったことは、大変興味深い。

さらに5領域のそれぞれに示されている3歳以上の教育の目標・内容が、なぜ共通の意識で行われなければならないのか、保育の実際に即して考察しよう。

幼稚園、保育所、幼保連携型認定こども園は、制度として分かれているものの、幼児教育の部分が共通であることを改めて理解するとともに、わが国が大切にしている幼児期の教育のあり方を考察しよう。

Step3

保育所保育指針（平成29年告示）が、保育所保育指針（平成20年告示）と大きく異なる点をまとめ、現在の保育所がめざすべき保育内容を理解する。

1. 保育所保育指針（平成20年告示）の保育内容に関する特徴

　この改定により大臣による「告示」と位置づけられ、法的拘束力をもつものになった。少子化、核家族化、都市化等がより一層加速するなかで、子どもの育ちを育む保育士の役割が強化されることになったことや、保育所の子育て支援に関する役割を、今まで以上に意識して果たすように期待されたからである。

　1999（平成11）年の保育所保育指針では、年齢の発達過程ごとに「発達過程区分」として各章に記載（2歳児、3歳児等）されていた保育の内容が、すべて一括して第3章にまとめられている。「ねらい」と「内容」の部分は、保育士が具体的に把握する視点として「養護に関わる（生命の保持と情緒の安定）」部分と、「教育に関わる（5領域）」部分の両面から示され、保育士からみてわかりやすくなっている。

　この改定では、保育所保育が養護と教育を一体的に行うことをその特性とし、環境を通して子どもの保育を行う役割を明記した。

　①健康・安全のための体制の充実、②小学校との連携、③子どもの発達や学びの連続性をふまえた保育内容の創意工夫を実施することをはじめ、子ども同士や職員同士の交流を奨励し、子どもの育ちを支えるための資料として、「保育所児童保育要録」を小学校へ送付することを義務づけた。

2. 保育所保育指針（平成29年告示）の保育内容に関する特徴

　2008（平成20）年の保育所保育指針の施行後、「量」と「質」の両面から子どもの育ちと子育てを社会全体で支える「子ども・子育て支援新制度」（2015（平成27）年4月）が施行され、さらには0歳児から2歳児までを中心とした保育所利用児童数が増加していることなど、保育所をめぐる状況が大きく変化している。

　OECDの研究等で注目されている「非認知的能力や社会情動的スキル」を育成する役割は、就学前の乳幼児期の保育・教育であるとの研究動向を鑑み、保育所保育等における幼児教育の位置づけを明記していることは、今までにない特徴である。新しい保育所保育指針の改定の方向性として次のような特徴があげられる。

① 乳児・1歳以上3歳未満児の保育に関する記載の充実

　この時期の保育の重要性や0歳から2歳児が保育所を利用する率が上昇したことに鑑み、3歳以上児とは別に項目を設けることになった。特に、0歳児の保育については、「身近な人と気持ちが通じ合う」「身近なものと関わり感性が育つ」「健やかに伸び伸びと育つ」という視点から保育内容の充実を図っていること、1、2歳児についても、発達の5領域を意識していくことが大きな特徴といえる。

② 保育所保育における幼児教育の積極的な位置づけ

　保育所保育も幼児教育の重要な一翼を担っていることをふまえ、卒園時までに育ってほしい姿を意識した保育内容や保育の計画・評価のあり方などについて記載内容を充実している。環境を通した「遊びと生活」を充実させた教育内容については、幼稚園や認定こども園との整合性を保持している。

　1歳以上3歳未満児、および3歳以上児の「ねらいと内容」の記載では、領域ごとに「（ア）ねらい」「（イ）内容」「（ウ）内容の取扱い」の3項目を記載し、特に「内容の取扱い」に関する記載の充実を図っている。

③ 健康および安全の記載の見直し

　子どもの育ちをめぐる環境の変化をふまえ、食育のさらなる推進、安全な保育環境の確保等に関して記載内容を見直している。大災害への備えを特記したことも、今回の特徴といえる。

　疾病への対応のなかでは、アレルギー疾患を有する子どもの保育が加えられている。食育では、「保育所の特性を生かした食育」「食育の環境整備」という項目で整理する等、見直しが図られている。

　以上が保育所の保育内容に関する主な改善点である。そのほかにも保護者・家庭および地域と連携した子育て支援の必要性、職員の資質・専門性の向上への言及など、記載の見直しや充実が図られている。

　今回の改定では、1999（平成11）年の保育所保育指針が策定された当時より、保育園を利用する乳児、1歳児、2歳児の利用率が急上昇していることや、子ども・子育て支援新制度の施行、児童虐待対応件数の増加という社会的背景を十分に受け止めた主旨を有することが特徴である。保育者が社会的な責任を果たしていくとともに、幼稚園等との共通性を意識しながら保育内容のさらなる充実を図るため、保育士自身の専門的知識や技能の向上を強く期待することを示している。このような改定の主旨を理解し、現代の保育士に課せられた社会的使命を自覚しながら学びを進めることが、これからの保育者（保育士）に期待されていることはいうまでもない。

参考文献

- 横浜市こども青少年局保育所整備課「保育所整備の手引き」2012.
- 神奈川県「保育所認可等の手引き」2013.
- 神奈川県「児童福祉施設の設備及び運営に関する基準を定める条例」2013.
- 厚生労働省『保育所保育指針解説書』フレーベル館，2008.
- 柴崎正行編著『戦後保育50年史　保育内容と方法の研究』栄光教育文化研究所，1997.
- 民秋言編『保育資料集——教育要領・保育指針の変遷を中心に』萌文書林，2004.
- 角尾稔・東洋編著『教育学講座４　就学前教育』学習研究社，1979.
- 文部科学省『幼稚園教育要領解説』フレーベル館，2008.
- 民秋言編『幼稚園教育要領・保育所保育指針・幼保連携型認定こども園教育・保育要領の成立と変遷』萌文書林，2017.
- 日本保育学会編『保育所と幼稚園との関係』フレーベル館，1988.

COLUMN　児童福祉法の一部を改正する法律等の公布について（通知）

　2001（平成13）年に児童福祉法が改正され、保育にかかわるさまざまな内容が見直された。その際に、改正の趣旨や改正法の内容をあらわした通知「児童福祉法の一部を改正する法律等の公布について」が厚生労働省より出されている。以下、その一部を抜粋する。

児童福祉法の一部を改正する法律等の公布について

〔平成13年11月30日　雇児発第761号
　厚生労働省雇用均等・児童家庭局長通知〕

第１　改正の趣旨
　保育需要の急速な増大を背景に認可外保育施設が増加し、認可外保育施設における乳幼児の事故が社会問題化していることに緊急対応するため、また、都市化の進行等児童を取り巻く環境が大きく変化し、児童の健やかな成長に影響を及ぼす恐れのある事態が生じていることに対応するために、認可外保育施設（保育所と同様の業務を目的とする施設であって都道府県知事（指定都市及び中核市の市長を含む。以下第２の１、２及び４において同じ。）から認可を受けていないものをいう。以下同じ。）に対する監督の強化等、保育所整備促進のための公有財産の貸付け等の推進、保育士資格の法定化及び児童委員活動の活性化を図るものである。

（小泉裕子）

第5講

子どもの発達や生活に即した保育内容の基本的な考え方

子どもには、それぞれの年齢や時期ならではの成長や発達の姿があり、その時期にふさわしい生活がある。保育者は、それぞれの子どもの実態を把握し、その時期にふさわしい生活を念頭に、保育所保育指針などに準拠しながら、保育を計画し、進めていくのである。本講では、保育所保育指針などをもとに、乳幼児期の発達特性と各年齢期における発達の過程、それに応じたふさわしい保育の内容や環境などについて述べる。

Step 1

1. 乳幼児期における発達

乳幼児期における保育

　乳幼児期は心身の発育・発達が著(いちじる)しく、人格形成にとって重要な時期であるが、個人差が大きいのもこの時期の特徴である。こうした時期において、児童福祉法に示される、保育を必要とする子ども一人ひとりの健全なる心身の発達を図っていくためには、心身の安定した状態で過ごすことのできる保育所などの環境と、保育士などの愛情豊かな大人からの愛護(あいご)が不可欠となる。

　発達は遺伝(いでん)要因と環境要因が輻輳的(ふくそうてき)に連関し、展開されていく。子どもは、「環境」との相互作用を通して発達を遂(と)げていく。子どもの発達は、それまでに経験・体験したことを基盤とし、自らが環境にはたらきかけ相互にかかわるなかで、「生きる力」の基礎として育みたい資質・能力を身につけつつ、「現在を最も良く生き、望ましい未来をつくり出す力」を培(つちか)っていく過程である。

　そうした過程で特に重要なのは、愛情豊かで思慮深い大人からの保護や世話などを受けるなかで、特別な情緒的(じょうちょてき)つながりによる相互のかかわりが十分に行われることである。これらの過程で生じる基本的な信頼関係は、情緒の安定をもたらし、さらに生活の自立や拡大につながる。また、子ども同士やさまざまな環境へのかかわりを深め、人への信頼感と自主性・主体性を形成していく。

乳幼児期における発達の特性

　保育の目的は、さまざまな環境とのかかわりを通して、乳幼児の心身の発達を図っていくことである。そのための乳幼児期にふさわしい、個々の実態にあった保育のあり方が求められる。乳幼児期における発達の特性や一人ひとりの発達などの状況の把握(はあく)、それに応じた計画的な保育が必要となる。保育の原点は子ども理解にあり、一人の人間として尊重(そんちょう)することからはじまる。年月齢や個人差により発達の姿に著しい違いがあり、未分化や未発達な状態であっても、身体や情動、認識や認知、社会性やコミュニケーションなどが、それぞれの子どもとして、その時期として、成長・発達における過程の姿として、存在する。保育はそれらの子どもらの姿に基づいて行われる必要がある。

　保育所保育指針(以下、保育指針)第1章(総則)に示されるように、保育所における保育は、保育を必要とする子どもの健全な心身の発達を図ることを目的とし、それを達成するために「子どもの状況や発達過程を踏まえ、保育所における環

Step1 レクチャー

境を通して、養護及び教育を一体的に行うこと」としている。さらに、保育の計画においては、保育士が保育所生活における子どもの発達の特性や発達過程を見通し、生活との連続性や季節の変化などを考慮して行わなければならない。その際、保育士は子どもと生活や遊びをともにするなかで、子ども個々の発達や心身の状態などの実態を把握しつつ、保育の具体的なねらいや内容を設定していく。

2. 発達と保育の計画および指導計画

　保育所では「現在を最も良く生き、望ましい未来をつくり出す力の基礎を培う」という保育の目標達成のために日々の保育が実施されている。それぞれの保育所では、施設の保育の方針・目標をもとに、子どもや地域の実態、発達過程などをふまえて組織的・計画的に構成された保育内容が保育所生活の全体を通して総合的に展開されるように、「全体的な計画」が編成される。

　指導計画の立案については、保育指針第１章（総則）「３　保育の計画及び評価」において、次の点が記されている。具体的な保育が適切に展開されるためには、全体的な計画に基づく子どもの生活や発達を見通した長期的な指導計画と、さらに日常的・具体的で短期的な指導計画が作成される必要がある。その際、保育指針の第２章などに示されていることのほかに、個々の子どもの発達過程や状況に十分配慮すべきこととされている。つまり、乳幼児期の発達の姿は個人差が著しく、それぞれの子どもにとって意味のある保育となるには、個々の子どもの実態や多様な発達の過程について深く理解しておくことが大切となる。それらに関して、年齢区分や保育形態においては、次の３つの留意点が示されている。第１点は、３歳未満児については発達の特性から、子ども個々の生育歴、心身の発達、活動の実態等をふまえた個別的な計画が必要となる。第２点は、３歳以上児については個の成長、子ども相互の関係、協同的な活動がうながされるよう配慮すること。第３点は、異年齢クラスやグループでの保育においては、個々の子どもの生活や経験、発達過程などを把握（はあく）し、適切な援助や環境構成をするよう配慮を求めている。以上の３点は、年齢層ごとの発達の特徴である３歳未満児の「個別性」と３歳以上児の「社会性」などといった発達の特性をとらえたものであり、保育における個性化と社会化の視点に着目したことによるものである。

　また、指導計画については、発達過程を見通し、生活の連続性や季節の変化などに考慮し、子どもの実態に合わせた具体的なねらいおよび内容を設定することとしている。ほかにも、長時間にわたる保育については「子どもの発達過程、生活のリ

ズム及び心身の状態」について、障害のある子どもの保育については、「子どもの発達過程や障害の状態」について配慮するよう述べられている。

　全体的な計画や長・短期の指導計画の編成や作成などにあたっては、留意する点やその根拠において随所に発達への配慮が示されており、個々の子どもの理解、とりわけ発達の実態への目配せの重要性の表れである。

3. 保育の内容と発達

「育みたい資質・能力」と発達

　新たな保育・教育のあり方に関する変革によって、保育指針等には、生涯にわたって有用な「生きる力」の基礎となる「育みたい資質・能力」を、①「知識及び技能の基礎」、②「思考力、判断力、表現力等の基礎」、③「学びに向かう力、人間性等」と表している。

　こうした資質・能力は、非認知能力とかかわるもので、知識や技能の量そのものではなく、生涯それらを身につけ、活用、探究するための動機や構え、手段・方法などとなっていくものである。保育においては、特にこれらの資質・能力の基礎となるものを、いわゆる「環境を通しての保育」のなかで、第2章に示される「ねらい及び内容」に基づいて行われる保育活動の全体において育んでいくのである。したがって、資質・能力を育んでいくためには、個々の子どもの発達などの実態を深くとらえて保育を展開するなかで、子どもが十分に遊びや生活を堪能し、豊かに体験を重ねていくことが求められる。以下に3つの資質・能力の内容について示す。

① 「知識及び技能の基礎」：（豊かな体験を通じて）感じる、気づく、わかる、できる、など。
② 「思考力、判断力、表現力等の基礎」：（気づいたことやできるようになったことなどを使い）考える、試す、工夫する、表現する、など。
③ 「学びに向かう力、人間性等」：（心情、意欲、態度が育つなかで）よりよい生活を営もうとする、など。

「幼児期の終わりまでに育ってほしい姿」と発達

　第2章に示される「ねらい及び内容」に基づく保育活動の全体を通して資質・能力が育まれている子どもの小学校就学時の具体的な姿である「幼児期の終わりまでに育ってほしい姿」として、次の10の事項についてその姿を想定している。それら

の事項は、①「健康な心と体」、②「自立心」、③「協同性」、④「道徳性・規範意識の芽生え」、⑤「社会生活との関わり」、⑥「思考力の芽生え」、⑦「自然との関わり・生命尊重」、⑧「数量や図形、標識や文字などへの関心・感覚」、⑨「言葉による伝え合い」、⑩「豊かな感性と表現」である。

　これら10の事項は、文言からもわかるように5領域における目標や「ねらい及び内容」の特に中心となるものをキーワードとして抽出したもののようにとらえられる。領域が、培いたい「生きる力」の基礎となる力を発達という視点から束ねたものであることから、10の事項は保育の計画や評価における重要な視点となるのである。

4. 発達の特徴と保育内容

　第2章（保育の内容）は、発達の大きな節目にそって「乳児保育に関わるねらい及び内容」「1歳以上3歳未満児の保育に関わるねらい及び内容」「3歳以上児の保育に関するねらい及び内容」として、それぞれに「基本的事項」と「ねらい及び内容」が示されている。「基本的事項」には、その時期の発達や生活する姿の特徴、保育を実施する際の配慮事項、記載の枠組みに関する説明、保育内容展開時の留意点などが記されている。また、「ねらい」は、第1章（総則）の「1　保育所保育に関する基本原則」に示された「保育の目標」がさらに具体化されたものであり、保育所で安定した生活を送り、充実した活動ができるように、保育を通じて育みたい資質・能力を子どもの生活する姿からとらえたものである。「内容」には、「ねらい」を達成するために子どもの生活やその状況に応じて保育士等が適切に行う事項と、保育士等が援助して子どもが環境にかかわって経験する事項が示されている。

　第2章（保育の内容）に示される「ねらい」は、すべての領域において①〜③の3つから示されており、それぞれの領域において培いたい①は「心情」、②は「意欲」、③は「態度」について記されたものである。「心情」とは、心持ちや思いから感情、情動などの広く心の動きのことを表している。また、「意欲」とは自発的、自主的、主体的に自らの欲求や要求、希望、期待を具現化しようとする動機となる意思のことである。「態度」とは、豊かな「心情」と「意欲」をもってさまざまな環境とかかわり、遊びや生活を重ねていくことによって習慣化された生活や行動への構え・姿のことをいう。多様な環境とのかかわりから生まれる「心情」は、遊びや活動への「意欲」を生じさせ、それらにより繰り返される遊びや生活により「態度」が形成され、さらに生涯にわたる生活の糧となる資質・能力へと展開・発展し

ていくのである。その過程において子どもの種々の発達がうながされていくことはいうまでもないことである。

5. 各年齢期における発達の姿と保育のねらい・内容

　すべての年齢期において保育は、養護と教育を一体として実施する必要がある。ここからは各年齢期ごとに発達の特徴を押さえながら、各時期の中心となる「ねらい」と「保育の内容」を連関させ説明を加えていく。なお、各年齢期の「育て、培うもの」「育み養うもの」「中心となる『ねらい』」「おもな『内容』」の詳細については、巻末に**参考資料**として掲載した。

乳児期の保育

（1）基本的事項
① 乳児期の発達の特徴と保育への配慮

　乳児期は、視覚や聴覚をはじめ多様な感覚が発達し、首がすわり、寝返りや座る、はう、歩くなどの運動機能が著しく発達していくなかで、しだいに探索行動が盛んになっていく時期である。生理的欲求の充足や生活におけるさまざまな場面でのやりとりにおいて、母親などの養育者や保育者など特定の大人との応答的なかかわりを通して特別な情緒的絆が形成されていく。また、この時期の子どもは、自分自身の心身のバランスも養育者とのやりとりによって整えているともいわれている。

　これらの発達の特徴から、この時期の保育は、個々の子どもの著しい生育や発達の情況に応じて、愛情豊かに、表情や言葉による情緒的なやりとりを中心とした応答的なかかわりにより進められることが特に必要となる。

② 「ねらい」および「内容」の視点と留意点

　この時期の「ねらい」および「内容」については、そのほかの時期と比べて発達が未分化であることから、身体的、社会的、精神的な3つの発達の視点から大括り（おおぐく）にとらえられている。それらは、身体的発達に関する視点からは「健やかに伸び伸びと育つ」として、社会的発達に関する視点からは「身近な人と気持ちが通じ合う」として、精神的発達に関する視点からは「身近なものと関わり感性が育つ」として整理されている。

　上記の3つの視点において示される保育の内容では、乳児期の発達の特徴から基盤となる養護の内容である「生命の保持」と「情緒の安定」とが一体となって展開されるよう留意することを示している。また、以下に示す「内容」からも明らかな

ように、「3つの視点」は緩やかに各領域につながる内容をも含み込んだものと理解できる。したがって、乳児期の保育で育て培おうとする力は、それ以降の領域において育て養おうとする力の基盤となり、つながっていくのである。

（2）3つの視点における「ねらい及び内容」

参考資料（192・193ページ）参照。

1歳以上3歳未満児の保育

（1）基本的事項

① 発達の特徴と保育への配慮

　1歳以上3歳未満の時期には、歩行につながる動きから歩行へ、やがて大きな動きである走る、跳ぶなどの基本的な運動機能が発達していき、つまむ、めくるなど指先の微細な機能の発達も徐々に進んでいく。社会化を進めていくうえで重要な習慣である排泄の自立のための身体的機能が整い、トイレトレーニングも積極的に展開されるようになる。ほかにも生活の自立に向けて基本的生活習慣である食事、衣類の着脱、整理整頓、身辺の衛生なども、保育士等の援助を得て次第に自分で行えるようになっていく。周囲の人へのコミュニケーションの動機と機会が増加することと心身の発達により言葉の獲得も進み、発声の明瞭化や語彙が増加し、自分の意思や欲求を言葉により表出・伝達することができるようになる。また、1歳以降になると飛躍的に自分でできることが増えていくなかで、2歳頃のいわゆる「イヤイヤ期」といわれる時期には、自我の芽生えから何でも自分でしたがり、しようとするようになる。当然、しようとすることがすべて思いどおりにうまくできるわけではないが、保育士等は自分でしようとする子どもの気持ちを大切に温かく見守り受け入れ、愛情をもって、肯定的・応答的、適切にかかわっていくことが、自立心を育て、将来の主体性を育んでいくためにも大切である。

② 「ねらい」および「内容」の枠組みと留意点

　この時期の「ねらい」および「内容」は、心身の健康に関する領域「健康」、人とのかかわりに関する領域「人間関係」、身近な環境とのかかわりに関する領域「環境」、言葉の獲得に関する領域「言葉」、感性と表現に関する領域「表現」の5つの領域から示されている。各領域に示される保育の内容は、幼児期の発達の特徴から、基盤となる養護の内容である「生命の保持」と「情緒の安定」とが一体となって展開されるよう留意すべきことを記している。

（2）5つの領域における「ねらい及び内容」

参考資料（193～195ページ）参照。

3歳以上児の保育

（1） 基本的事項

① 発達の特徴と保育への配慮

　3歳以上になると運動機能の発達により走る、跳ぶなどの基本の動きが一通りできるようになり、全身を使って遊ぶようになり、手指を使ったり、次第に全身を巧みに使って遊んだりするようになる。1歳以上3歳未満の時期において保育士や周囲の大人の援助を受けつつ、自分でさまざまなことをしようとし、経験を積んできた結果、基本的な生活習慣についてもほぼ自立してくる。身体機能や認知、社会性などの発達が言葉によるやりとりをさらに活発化させ、発声や発音がさらに明確になり、理解できる語彙数も急激に増加していく。また、認知の発達などにより知的な興味や関心も高まり、好奇心や探究心をもって周囲の環境と深くかかわるようになることで、感覚的ではあるが物事をとらえるうえで基盤となる概念につながる萌芽となるものを身につけていく。社会性の発達は、それまでの時期のような保育士や特定の子どもといった限られた関係から、人間関係に広がりと深まりがみられるようになる。仲間をつくり、集団の一員であるという帰属意識をもち、仲間とイメージや思い、願いを共有し、共通の目的をもってダイナミックな集団遊び、細かなルールのある遊び、役割を明確にもって組織的に活動する協同的な遊びなどがみられるようになる。以上の発達の特徴から保育においては、個性化である個の成長と社会化である集団としての活動の充実が関連をもって展開されるように計画する必要がある。

② 「ねらい」および「内容」の枠組みと留意点

　「1歳以上3歳未満児の保育に関わるねらい及び内容」と同様に、3歳以上児についても発達の特徴をふまえ、5つの領域から「ねらい及び内容」について示されている。また、当期の保育の内容についても養護における「生命の保持」および「情緒の安定」にかかわる保育の内容と一体的に展開されるように留意することが記されている。

（2） 5つの領域における「ねらい及び内容」

　参考資料（195～198ページ）参照。

各年齢期ごとの成長・発達に応じた環境構成

　乳幼児期における発達の姿には著しい個人差があるものの、大きくとらえると各年齢期には、各時期特有の発達の特徴がある。保育が子どもの成長・発達をねらい

Step1 レクチャー

として行われるものであることから、それぞれの時期にふさわしい保育のあり方が求められる。それぞれの時期に必要となる有意義な経験を提供していくためには、それぞれの年齢期ならではの保育の内容、方法、環境などが必要となるのである。

図表5-1に、各年齢期ごとの成長・発達の特徴とそれに応じた環境構成のポイントについて示した。ここで示す環境構成に関しては、典型的ないくつかの例やポイントを示したに過ぎない。保育の実際の場面では、子どもの実態を深く理解し、それに基づいて柔軟に環境の再構成を保育者が、あるいは子どもたちと保育者が、協働して行うことが必要となることを申し添えておく。

図表5-1 各年齢期ごとの成長・発達の特徴とそれに応じた環境構成のポイント

	0・1歳児	2・3歳児	4・5歳児
環境構成のテーマ	・安心して過ごせる環境づくり	・自分の世界づくりを楽しめる環境づくり	・仲間と遊ぶことを楽しめる環境づくり
成長・発達の姿と環境	・心の基地になる特定の人がいる。 ・特定の人と一緒に過ごせる場がある。 ・みんなの遊ぶ様子が見えやすく、自分で遊びやすい。 ・動くことと休息することの生活リズムが取りやすい。 ・安心して移動し、探索することが保障されている。 ・大好きな人形など（移行対象）が保障されている。	・自我が芽生えて、互いに自己主張が強くなる。 ・手先が動くようになり、組み立てたり、作ったりすることが得意になる。 ・探究心が強くなり、入れたり、隠したり、切ったりすることを楽しむようになる。 ・ものを乗り物や食べ物等に見立てることが好きになる。 ・なりきることが好きで、ごっこ遊びに没頭するようになる。	・遊びに必要な場や小物を自分たちで用意したり、作ったりできるようになる。 ・園庭で、みんなで集団でのゲームや競争に取り組むことを楽しむようになる。 ・仲間と協力したり、挑戦したりするようになる。 ・集団でさまざまな表現活動を楽しむことができるようになる。 ・長い話を聞いて理解できるようになる。
環境構成のポイント	・保育者と一緒に過ごせる場があり、見渡しやすくしておく。 ・みんなの遊んでいる姿が見えやすく、参加しやすくしておく。 ・隠れたり、探索したりできる場にしておく。 ・人形や電車などのおもちゃを十分に用意しておく。 ・くつろげる場を十分に用意しておく。	・使いたい遊具や素材を見つけやすくしておく。 ・手先を使う遊具は、十分に用意しておく。 ・いろいろなものを探求できる園庭づくりをしておく。 ・見立て遊びがしやすい環境づくりをしておく。 ・なりきり遊びがしやすいようにしておく。	・仲間とじっくり取り組める場にしておく。 ・友だちと思い切り体を動かして挑戦できる場にしておく。 ・さまざまな素材にふれて、創造できる場にしておく。 ・仲間とゆったりと過ごす場づくりをしておく。

出典：柴崎正行編『子どもが育つ保育環境づくり』学研教育みらい，2013. を参考に著者作成.

Step 2

演習 保育所保育指針の第2章（保育の内容）と、本講で示した発達の過程ごとの「ふさわしい保育内容と環境の一例」を、欲求の階層的発達（マズロー）と発達課題（ハヴィガースト）の面からとらえてみよう

課題

① **図表5-2** マズロー（Maslow, A. H.）の「欲求階層説」と**図表5-3** ハヴィガースト（Havighurst, R. J.）の「乳幼児期の発達課題の意味と発達の姿」を示しているが、それらについて文献等により調べ学習を行い、理解を深める。調べ学習の結果をグループやクラス等で発表し合い、学びを共有し、さらに理解を深める。

② 本講のStep 1ならびに**参考資料（192〜198ページ）**をよく読み、マズローの欲求の階層説の観点と関係づけて考える。

③ 本講のStep 1ならびに**参考資料（192〜198ページ）**をよく読み、ハヴィガーストの乳幼児期の発達課題の意味と発達の観点とを関係づけて考える。

④ 課題②、③については、適宜グループやクラス等で話し合い、発表を行い、協力して課題に取り組むとともに、学びを共有しつつ理解を深める。

図表5-2 欲求階層説（マズロー）

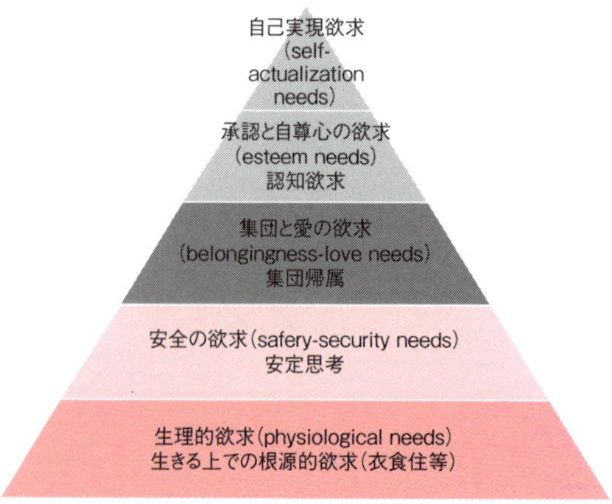

- 自己実現欲求（self-actualization needs）
- 承認と自尊心の欲求（esteem needs） 認知欲求
- 集団と愛の欲求（belongingness-love needs） 集団帰属
- 安全の欲求（safery-security needs） 安定思考
- 生理的欲求（physiological needs） 生きる上での根源的欲求（衣食住等）

図表5-3　乳幼児期の発達課題の意味と発達の姿（ハヴィガースト）

発達課題	課題の意味と発達の姿
歩行の学習	この課題は人間らしくなるための最初の課題である。全身の諸機能が生後9か月頃から歩行に耐えるまでに発達する。一度歩行を習熟すると次第に走る・跳ぶなどができるようになる。
固形食をとることの学習	人間らしい食生活をするための課題である。流動食から次第に栄養のバランスをとるための固形食をとるようになる。そしゃく器官は生後2年の間に固形食物をこなせるようになる。
話すということを学ぶ	人間の基本的条件である話し言葉の学習である。話すための諸器官は出生時から生理的に準備される。人との交渉で心理的・環境的条件が働き、1歳前後に話しはじめ4歳頃までに話し言葉がほぼ完成する。
排泄の仕方を学ぶ	社会生活に必要な基本的生活習慣の学習である。出生時の無意識的な排泄から1歳半頃に便意の予告、3歳頃に小便の自立、4歳半頃に大便の自立をして、社会的に容認された行動をとる。
性の相違を知り、性に対する慎みを学ぶこと	社会生活を営むための発達の基礎として重要である。2歳頃から行動の違い、性器への興味がみられたり、教えられるなどして両性のあることを知る。早い時期に発達した性に関する態度・感情・知識が生涯に影響する。
生理的安定を得ること	精神的に安定した生活の基礎として重要である。出生時の生理的状態は不安定であるが、食物や物的な条件、愛される人的環境などが精神的に影響する。幼児期後半には周りの状況に適応して安定した状態をつくることができる。
社会や事物に関する単純な概念を形成すること	知的・精神的発達などの全体的発達にとって重要である。皮膚感覚・味覚・嗅覚などの下等感覚に続いて聴覚・視覚などの高等感覚の機能が分化し、記憶・想像・思考が働き、全体的に体制化されて環境を認知できる。
両親・きょうだいおよび他人と情緒的に結びつくこと	幼児のパーソナリティの形成に重要である。好きな人の身振りや言葉の模倣などをして、身近な人との結びつきをする。他人との情緒的な結びつきがその後の社会生活での行動様式や性格を規定する。
善悪の判断の学習と良心を発達させること	道徳的な精神発達の基礎として重要である。幼児の初期は快と善、不快と悪を同一視する。次第に「賞賛と善」や「罰と悪」を同一視するようになる。幼児の感情を基準にした価値判断から大人の価値観へと分化する。

出典：太田悦生編『新・保育内容総論 第2版』みらい，p.111，2010．

Step3

1. 3歳未満児の指導計画

　3歳未満児の指導計画は、この時期の特徴である心身の発育・発達の顕著さや個人差の大きさから、一人ひとりの実態に応じた保育ができるよう個別に作成される。指導計画は月ごとの計画が基本で、子どもの実態や季節の変化などにより、月ごとの区分にも融通をもたせ、余裕をもった保育を計画する。保育は養護と教育を一体的に行うこととされているが、3歳未満児では、その成長・発達の状況から、3歳以上児の場合よりも養護に重点をおいた保育が計画、実施される必要がある。

　保育の展開においては、1日の生活全体における連続性をふまえ、家庭との連携を図っていく必要がある。そのため、指導計画には、保護者の思いや願いを尊重するという意識のもとで、家庭との連携を具体的に位置づけていく。

　歩行や言葉、自我などに著しい発達がみられる時期であるが、同時に心身の未熟性の強い時期でもある。したがって、複数担任の場合には、保育士等の連携や栄養士・調理員・看護師等との緊密な協力体制により、保健・安全面に十分配慮する。また、担当制による特定の保育士等と子どもとの間で受容的・共感的態度を大切に、情緒的な絆が深められるように指導を計画する。

　集団での生活においても、一人ひとりの個人差にできるだけ対応し、温かな雰囲気のなかで、子どもたちが興味・関心をもった遊びが展開できるように環境を整えることや、不安なときやさびしいときに支えとなっていくことが大切である。

2. 3歳以上児の指導計画

　3歳以上児の指導計画では、クラスやグループなどの集団を単位とした計画が中心となる。子どもが個として大切にされ、よさが発揮されつつ、そうした個が集まり相互性のある集団が形成され、豊かな生活が展開されてこそ意味がある。それは、保育の大きな意味である、すべての子どもがクラスにおいて個性化（「その子らしく生きる」）と社会化（「みなとともに生きる」）を育む過程と合致する。そのため、保育においては、個を大切にした保育を基盤にしながら、集団のなかに居場所があり、安定・安心して自由に自己を発揮できるようにしていくことが重要となる。また、友だち・仲間と相互にかかわり活動する楽しさを十分に堪能し、協力・協同して遊びや生活をするなかで、学び合い、仲間意識を高めていくための経験ができるよう計画を作成する。3歳以上児においては、心身の発育・発達がさらに確かになり、生活の自立も進んでいくことから、3歳未満児に比べ教育の側面も十分に配慮

された指導計画を立案、実施し、育みたい資質・能力につながる生きる力の基礎となる資質・能力を育んでいく。

　以上のことをふまえ、3歳以上児の指導計画では、保育のねらいを明確にしながらも、まず子どもの個性を大切にし、興味や関心、好奇心(こうきしん)などに支えられた、自発性・主体性を重視した生活を計画することが重要である。そうしたなかで、個々の子どもが十分に自分らしさを発揮し、さらに周囲の人たちとの活発なかかわりを通して集団での育ちをめざしていくことを意識し、指導計画を作成していく。

3. 異年齢の編成による保育の指導計画

　異年齢による保育は、昨今の子どもを取り巻く環境の変化から、地域の遊び集団の衰退(すいたい)、異年齢間の接触の減少などが生じ、その必要性が見直されている。異年齢保育には、異年齢の子どもによりクラスを編成して保育をする場合と、年齢別のクラス編成を基盤としながら部分的に異年齢での活動を取り入れる場合とがある。

　0歳から6歳までの子どもが生活する場である保育所の環境を生かし、異年齢集団のなかで年上、年下の子どもが相互にかかわり遊びや活動を展開することで、同年齢での保育では経験できない多くのことを学んでいくことが期待される。年少者にとっては、年長者が遊びや生活のモデル、目標とするあこがれの存在となったり、年長者にとっては、年少者が思いやりやいたわりなどの養護性を培(つちか)ううえでの対象となる。つまり、異年齢間において両者は、互いが両義性をもつかけがえのない存在となる。

　異年齢のかかわりから、日々の保育における遊びや活動が、より多様な展開となるように計画を立てていくわけであるが、異年齢での保育を計画、実施していくうえにおいては、次のことに配慮する必要がある。

　異年齢の幅によって異なるが、子どもたちの間に発達差が大きい場合もあり、それぞれの子どもの成長や発達の実態に即した保育のねらいや内容を明確にし、それにふさわしい環境構成や援助が求められる。これらの配慮により、年齢差のある子どもたちは、それぞれ無理なく自分らしく遊びに取り組むことができ、多様な年齢の子ども同士のかかわりも可能となる。しかし、ときに保育者の意図性や指導性が強すぎてしまい、子どもたちにとっては自由さがなく窮屈(きゅうくつ)で、過度に負担感を感じさせてしまうことなどもある。一人ひとりの子どもの日々の生活との連続性のなかで、子どもたちが主体となって、のびのびと遊びや生活を展開していけるように保育を計画、実施していくことが大切である。

参考文献

- A・H・マズロー,上田吉一訳『完全なる人間』誠信書房,1964.
- R・J・ハヴィガースト,児玉憲典ほか訳『ハヴィガーストの発達課題と教育――生涯発達と人間形成』川島書店,1997.
- 厚生労働省『保育所保育指針解説書』フレーベル館,2008.
- 太田悦生編『新・保育内容総論』みらい,2008.
- 濱名浩編『保育内容人間関係 第2版』みらい,2018.
- 三宅茂夫編『新・保育原理 第4版』みらい,2018.
- 厚生労働省編『保育所保育指針解説』フレーベル館,2018.

第6講

養護と教育が一体的に展開される保育

本講では、「養護と教育が一体的に展開される保育」について、乳児期から幼児期の育ち、さらには小学校との接続も見越して考える。Step1 では、保育所保育指針からみる養護と教育について、その概念も含めて学び、Step2 では、遊びを通して行われる養護と教育が一体となった保育について、乳児期の教育や幼児期の養護と併せて考える。Step3 では、小学校学習指導要領や保育所保育指針に示されている小学校との接続に関する事項を確認する。

Step 1

1. 保育所保育指針からみる養護と教育とは

　保育所で働く保育士や幼保連携型認定こども園で働く保育教諭は、保育所保育指針（以下、保育指針）や幼保連携型認定こども園教育・保育要領に基づいて保育を行う必要がある。保育者の仕事の一部分だけをみてみると、子どもたちとサッカーをしたり、ままごとをしたり、夏にはプールに一緒に入ったり、雪が降れば子どもたちと一緒に雪だるまを作ったり、という「仕事」があるのだが、それは専門職者以外からは子どもと遊んでいるだけのように見えたりすることもある。子どもと遊ぶことは保育者にとっては大切な仕事の一部分であるが、保育者の仕事をすべて示しているものではない。

　保育者は子どもが自由に遊んでいる時間は、子どもの年齢や遊びの状況に応じて、一緒に遊びに加わって遊びが充実するように声をかけたり、子どもたちが安全な空間で遊ぶことができているかを確認したりしている。

　また、子どものおむつが濡れたらおむつを替え、子どもが泣いたら子どもの気持ちに寄り添う言葉をかけ、けんかが起これば両者の意見を聞いたうえで仲立ちしたり、言葉を代弁したり、見守ったりなどの援助をしている。子どもが自発的・意欲的にかかわることができるように、子どもの発達や年齢に応じて保育者はかかわっている。

　子どもが製作をするときには、子どもが楽しく取り組むことができるように、保育者は子どもの発達に応じて、子どもができることと保育者が事前に準備しておかなければならないところを的確にとらえて、準備物を事前に整える。何を作らせるかだけではなく、どう作らせるか、何をどれだけ準備するか、1人1つだけ作らせるのか、早く終わった子どもには2個目を作らせるのか、作らせて終わりなのか、作ったもので遊ばせるのか、という細部にまでわたり事前に保育を考えている。1人に1つだけ作らせるのであれば、早くできた子の作品に対して、子どもが気づいていない視点を気づかせる言葉がけを行い、早くできた子に同じ作品を複数個作らせるのであれば、事前準備する教材の個数を増やしたりする。また、作ったもので遊ばせるのであれば、作成途中の子どもへの対応をしつつ、作り終えた子どもが遊びを楽しめるよう、遊びを伝えていく。このようにして、準備や言葉がけの仕方にまで事前に思いをめぐらせてかかわっている。

　子どもの午睡中には連絡帳への記入をしたり、クラス会議をしたり、クラス代表の先生が集まって職員会議を開いたりすることもある。次の保育の準備や行事の準備をすることなどもある。さらにクラスの子ども一人ひとりの24時間を考え、その

子自身が生活する家庭と保育施設とが分断してしまわないように、保護者との連携を図ったりもしている。

このようにして保育者の1日の仕事をみてみると、「子どもと遊ぶ仕事」という一部分のみをとらえた言い方ができなくなるぐらい、仕事内容は多岐にわたるのである。

また、保育者は子どもとかかわるために、発達段階をおさえるとともに、子ども一人ひとりの個性をとらえ、子どもに応じたかかわり方をしている。保育者は単に子どもと遊ぶだけではなく、子どもと一緒に遊びながら、長い先の発達を見越した今のかかわりのなかに、教育を盛り込んでいる「保育のプロ」であるということが理解できるだろう。

保育所の役割として、保育指針第1章（総則）の「1　保育所保育に関する基本原則」の「(1)　保育所の役割」のイには、「保育所は、その目的を達成するために、保育に関する専門性を有する職員が、家庭との緊密な連携の下に、子どもの状況や発達過程を踏まえ、保育所における環境を通して、養護及び教育を一体的に行うことを特性としている」と示されている。

では、「養護」や「教育」とはどのようなものを指しているのだろうか。

「養護」については、保育指針第1章（総則）の「2　養護に関する基本的事項」の「(1)　養護の理念」のなかに、「保育における養護とは、子どもの生命の保持及び情緒の安定を図るために保育士等が行う援助や関わりであり、保育所における保育は、養護及び教育を一体的に行うことをその特性とするものである。保育所における保育全体を通じて、養護に関するねらい及び内容を踏まえた保育が展開されなければならない」と示されている。

養護とは、保育者が子どもに主体的にかかわっていく「援助」であり、保育者はその援助のなかに生命の保持と情緒の安定を図るという目的がある。保育指針のなかには、「生命の保持」と「情緒の安定」それぞれにねらいと内容が示されている。

「教育」については、保育指針第2章（保育の内容）のなかに、「子どもが健やかに成長し、その活動がより豊かに展開されるための発達の援助である。（中略）実際の保育においては、養護と教育が一体となって展開されることに留意する必要がある」と示されている。

保育者は、一人ひとりの子どもの状況に応じて、具体的に援助する、声をかける、一緒にする、見守るなど、適切な援助方法を瞬時に考え、子ども自身が自ら取り組もうとする力を養ったり、達成感を味わうことができるようにしているのである。

2. 乳児期における養護のなかにみる教育とは

　就学前の保育においては、年齢あるいは領域に分けて「養護のみ」「教育のみ」というように保育するのではなく、保育者が日々の子どもとのかかわりのなかで、子どもの発達をうながすために何気なく行っているようにみえる言葉がけや援助が、「養護的なかかわりをしながら教育する」「養護のなかに教育的なことを織り交ぜながら保育する」「養護的なかかわりのなかに教育的なことを散りばめる」というものである。

　保育者は、乳児期の子どもにかかわる際には、生命の保持および情緒の安定を図るために主体的なかかわりを行い、そのなかに意図的なはたらきかけを散りばめることが、養護と教育が一体となって展開される保育といえる。保育者が幼児期の子どもにかかわる際には、子どもの主体的な活動のなかへ、直接的あるいは間接的にはたらきかけを行うことなのである。

　保育者が行う養護的なかかわりのなかに織り交ぜられた教育的な部分については、年齢や月齢、あるいは子どもの発達段階や個性によって、言葉がけや援助方法が咀嚼（そしゃく）して散りばめられている。保育者は子どもにどのような言葉を用いると子どもは理解できるのか、どのように気持ちに寄り添えばよいのかなどを的確にとらえてかかわっているのである。

　保育所における保育が、子どもの生活する場として創造的な思考を育む場であり、主体的に活動できる場であり、子どもたちにそのような力をもって小学校以降の学校生活やその後の社会生活が営めるようにしていくためには、保育者が子どもにとって適切な環境を整え、保育者自身も主体的に子どもにかかわり、環境にかかわる子どもたちに対して発達を見通した教育的視点をもちながら、遊びに応じた言葉がけや見守りをすることが大切なのである。

　保育者は乳児からのはたらきかけが多くない時期から、乳児の身の回りの世話のなかで乳児の気持ちをなぞるように声をかけたり、抱きしめたりしながらやさしくかかわり、子どもに気持ちを表す言葉を伝えたり、人とのかかわりの基礎となるやりとりをするなど、意図的なかかわりをしている。乳児自身はまだ喃語（なんご）程度しか話すことができなくても、周りの大人の言葉がけを聞き、その言葉を理解して、しだいに大人の行動をまねしたりするようになる。

　乳児は不快を取り除いてくれる特定の養育者から抱っこされたり、声をかけられたりしながら愛着関係を築き、その愛着関係を基礎として、人とのかかわりがしだいに広がり、人を信頼していく基礎を作り上げているのである。

Step1 レクチャー

　乳児とかかわる保育者は、養護的かかわりが中心であるが、周りの大人は作業のようにミルクを与えたりおむつを替えたりしているのではない。

　保育者のかかわりや遊びは、教育的なことが養護のなかに小さくかみ砕かれていて、まるでお世話をしているかのように、まるで一緒に遊んでいるかのようにみえるだけである。子どもが理解できる程度に咀嚼された教育的要素を、遊びのなかや養護のなかに盛り込み、子どもを見る際には、発達の連続性をとらえて、今の子どもの発達の先にはどのような育ちがあるのかを考え、さらに乳児とのかかわりや遊びのなかから、5領域（健康、人間関係、環境、言葉、表現）の基礎や育みたい資質・能力、幼児期の終わりまでに育ってほしい姿を見通して、今の子どもたちへ必要なかかわりの土台となるものを培っているのである。

3. 幼児期における教育と養護の関係性

　一方、幼児期には自立へ向かうため、さまざまなことが身につきはじめ、自分でできることも増えてくる。人との関係性も言葉を使用して自分の思いを伝えることができるようになり、相手の気持ちを思いやりながら行動できるようになるなど、自己中心的な考え方にとどまらない。保育者は、乳児には実際に援助するというかかわり方をしていた場面でも、幼児の行動に対しては、援助するというかかわり方だけではなく、幼児が自分たちで工夫しながら事柄を解決したりできるように、声をかける、見守るといった援助をしたりすることもある。

　幼児期には、基本的な生活習慣もほぼ確立される時期になるため、養護的なかかわりというのは乳児期ほど多くないかもしれない。しかし、自立心や好奇心や探求心など、子ども自身の力を培うためには、実際に保育者が手を添えながらかかわったりすることが必要な場合もある。教育的なかかわりのなかにときに養護が織り交ぜられるように保育者はかかわっていることもある。

　子どもの発達の特性上、個人差はあるものの年齢・月齢によって、ものを他者目線でとらえることがまだ難しい時期にあることが多い。例えば、自分の思いが通らないときには泣くこともある。相手がもっているおもちゃを使いたいときに「かして」などの言葉を用いて相手に自分の思いを伝えずに、取ってしまうこともある。語彙力がそれほど豊かでないため、言葉でうまく気持ちを伝えられないときには相手をたたいてしまうこともある。

　これらの行動について保育者は、子ども自身が発達過程にあるということを理解し、危険なこと以外は「叱る」というかかわりではなく、やり方を「伝える」ある

いは「教える」または「一緒に考える」などのさまざまなかかわりをしながら、より多くの経験を積み重ねて行動を体得できるようにかかわり、社会のなかで生かせる力を培っていく保育を心がけている。

　保育者は子どもの発達過程の時期に寄り添う者として、子どもの気持ちや行動を否定せずに、子どもを受容し、子どもの思いに寄り添うという養護的かかわりのなかに、相手の気持ちを代弁して伝えたりするという教育的なことを盛り込んだかかわりをするときもある。

　0歳児にはおむつを替える、食事の援助を行うなどの基本的生活習慣の援助などが中心であるが、1・2歳児になると、子どもと一緒に遊ぶなかで、気持ちに寄り添ったりする援助を行うことも出てくる。そこには保育者の「おむつを替えて気持ちよくなったね」「おいしいね」「おもちゃを貸してほしいときには『かして』って言ったらいいよ」などの言葉がけがあり、その言葉がけのなかには、子どもが理解できる言葉に咀嚼された、人とのかかわりの基礎となるコミュニケーションの方法が盛り込まれている。子どもは保育者の言葉を聞きながら、遊びのなかからコミュニケーションを深め、感性も豊かになりイメージがふくらみ豊かな思考が可能になっていくのである。

　また、遊びの要素のなかに教育的なことが盛り込まれることもある。例えば、出

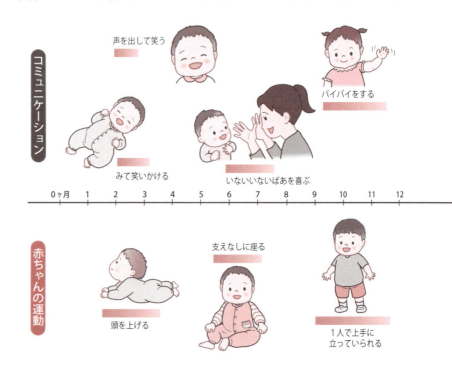

席調べをするときには「♪あなたのお名前は？」という歌を歌いながら一人ひとり子どもの名前を呼び、子どもの反応を温かく受け止めながら言葉を返し、歌が終わると出席調べが終わっている、という方法をとったりすることもある。聞く姿勢をとってほしいときには、「静かにしましょう」という直接的な言葉をかけるときもあるが、その姿勢を知らず知らずのうちにとれるような手遊びを用いて、子どもの行動を保育者のほうに向ける保育の技法を使ったりすることもある。子どもがブランコの順番を待つ際、保育者は安全に配慮するためブランコの近くにいて、保育者の歌の終わりが順番を交代するという合図になるわらべ歌を用いて、交代をうながす（順番を待つ）というかかわりをすることもある。

ままごとコーナーでは、保育者と子どもがおもちゃの食べ物を皿に乗せたり返したりしながら「いただきます」「おいしそう」「ごちそうさまでした」と食事のマナーを遊びのなかに盛り込んだりすることもある。

このように保育者の行う保育は、乳児保育の3つの視点（身体的発達・社会的発達・精神的発達に関する領域）、5つの領域（健康・人間関係・環境・言葉・表現）、育みたい資質・能力、幼児期の終わりまでに育ってほしい姿を視野に入れた、養護と教育が一体となった保育であり、それを遊びを通して行えるようにしているのである。

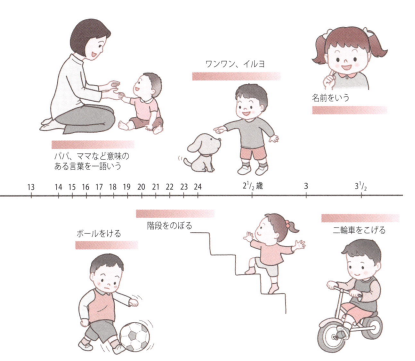

厚生労働省ホームページ「お母さんと子どものコミュニケーションのために」パンフレットより作成

Step 2

> **演習 1** 乳児保育を行う際の、保育者の養護的なかかわりのなかにみる教育的なかかわりについて考えてみよう

課題

保育者が子どもにかかわっている場面を1つ取り上げ、養護的なかかわりと教育的なかかわりに分けて考えてみる。

進め方

（1）準備するもの

記録用紙（図表6－1）。

（2）方法

保育の流れのなかで、保育者の行う養護のなかに、教育をどのように取り入れていくのかを考えて記録用紙に記入する。

その際、保育所保育指針にある、

ア　身体的発達に関する視点「健やかに伸び伸びと育つ」

イ　社会的発達に関する視点、「身近な人と気持ちが通じ合う」

ウ　精神的発達に関する視点「身近なものと関わり感性が育つ」

のどれにつながっているのかを意識しながら書いていく。

また5領域（健康、人間関係、環境、言葉、表現）のどれにつながっているのか、心情の育ちなのか、意欲の育ちなのか、態度の育ちなのかをそれぞれ意識しながら書く。

解説

実習を行う際、「保育者の援助」を読み取り、実習記録に書くが、ここは「保育者の活動」ではなく、「保育者の援助」である。

保育者は、子どもたちに言葉をかけたり援助する際には、必ず「言葉をかける意味」「援助する意味」をもってかかわっている。

その保育者の行う行動の「意味」を読み取り、保育者の活動に加えて意味を加えていくことが、「保育者の援助」なのである。

子どもたちが今何をしようとしているのかを読み取り、保育者がどのような援助

をすると子どもたちの発達をよりうながすことができるのか、ということを瞬時に判断して行っているのが「保育者の援助」であるため、単に子どもとかかわっているだけではなく、そこには必ず「意味」があるということを理解する必要がある。

例えば、ままごと遊びの際、子どもが皿に砂を盛って保育者に渡したら、保育者はどのように声をかけるだろうか。「あら、おいしそうね」「何を作ってくれたのかな」と、その皿にのっている砂を何に見立てているのかを聞く。子どもが「おすし」と言うと、保育者は食べるまねをしたり、「マグロかな」「エビかな」などと子どもの言葉をさらに引き出そうとすることもある。また、「おはしちょうだい」「のど乾いちゃった」など、さらに子どもの遊びが広がっていくような言葉がけをしたりすることもある。

保育者から見ると単なる砂である。しかし、子どもにとって皿の上の砂は、何かに見立てた広がりのある世界なのである。

図表6-1 記録用紙（例）

○歳児	養護的かかわりのなかにどのような教育的かかわりが入るか
登園	
朝の遊び（自由遊び）	
片づけ 排泄（おむつ交換）	
設定保育 　挨拶 　歌 　絵本 　リズム活動 　制作	
散歩	
手洗い 排泄	
給食	
好きな遊び	
午睡 　着替え 　午睡	
夕方の遊び	
降園	
延長保育	

保育者の言葉がけによって子どもの遊びが広がっていくのか、さらなる工夫を引き出すことができるのかは、保育者の援助によって変わってくることもある。その際、保育者が、「身体的発達に関する視点」「社会的発達に関する視点」「精神的発達に関する視点」のどの視点をもってかかわっているのかも併せて考えると、保育者が単に子どもと遊んでいるだけではないことや、単に子どもとかかわる「活動」を行っているだけではないということがわかるだろう。

　保育者の行動は養護的なかかわりなのか、教育的なかかわりなのか、どのような視点をもってかかわっているのかについて、1つひとつていねいに保育者の行動をみていくと、保育者の果たす役割の大きさに気づくことができる。

> **演習2**　2歳児クラスの担任が、子どもたちが3歳児クラスになるまでに育てていく力について考えてみよう

課題

　3歳児クラス4月のクラス集団に起こりそうな出来事をイメージし、2歳児クラスの子どもたちが達成できそうな課題を確認する。

進め方

① 保育者1人に対する子どもの数について、2歳児・3歳児で違いがあることに気づく。
② 3歳児クラスの担任が4月当初にクラス運営で苦労することを想像する。
③ 子どもたちが3歳児クラスになるまでにどのような力を育てていくのかを考える。
④ 2歳児クラスの担任として育てたい力をあげていく。

解説

　3歳児クラスは2歳児クラスと違って、保育者一人に対する子どもの人数が多くなる。2歳児クラスまでは複数担任だが、3歳児クラスになると一人担任、ということもある。子どもの発達は連続しているということ、個人差が大きいということから、4月の3歳児クラスは、1か月前までは2歳児クラスとして複数の先生が子どもを保育していたということや、もうすぐ4歳になる子どももいれば、3歳に

なったばかりの子どももいるということを考慮しなければならない。

　3歳児クラスを担任すると、4月当初は子どもの個人差を受け入れつつも個人差の幅を大きく感じることが考えられる。

　そこで、2歳児クラスの担任は、3歳児クラスに移行する前に、3歳児クラスになった子どもたちの姿を想像しながら、子どもたちが自分でできることを増やしたり、困ったときに自分から伝えられるようにしたりするなど、保育的なかかわりのなかに組み入れていったりする。

　例えば、身体測定の際に、子どもたちが脱いだ服を脱ぎっぱなしにしていると、担任ひとりでは、だれの服かを確認するのに手間取ってしまう。裏向きに脱いでしまうと、自分で表向きにできなければ、担任が一人でクラスの人数分の服を表向きにしなければならない。しかし、子どもが脱いだ服を自分のいすなどに表を向けて置くことができるようになっていると、担任は支援が必要な数名のみに援助をすればよいので、全体を見ながら個別のかかわりができる。2歳児クラスのときに、服の脱ぎ方、たたみ方、置き方などを伝えておくと、最初は子ども一人でできずに保育者が手伝ったとしても、それがしだいに身につき、一人でできるようになる。

　3歳児クラスになって間もないころは、だれがどこで外遊びをしているのか、全体を把握（はあく）することが難しいこともある。さらに子どもたちを室内への活動に移すために声かけしても、すぐに片づけて室内に入ることができる子どももいれば、片づけるまでに時間を要する子どもや、遊びを継続したいために片づけたくない子どももいたりして、5歳児クラスとは違って全員が室内に入るまでは時間がかかることがある。子どもによっては、いつも待ち時間が長くなることもある。

　待ち時間の長い子が生じないようだれから声かけをしていけばいいか、ということは保育者自身が子どもの特性を理解して検討する必要はあるが、担任の声かけによって行動することができる子どもに育てておくということも、2歳児の担任の役目であるといえよう。

　それぞれの年齢には、集団として、また一人ひとりとして育てたい姿があるが、2歳児クラスから3歳児クラスへの移行も、非常に重要な保育者の役割があることを認識しなければならない。

Step3

小学校との接続を考えて「養護と教育が一体となった保育」を考える

　保育者は、保育所や認定こども園への子どもの入所から小学校就学までに対して保育を実施するが、小学校就学後のことを視野に入れながら保育を実施している。

　保育所保育指針（以下、保育指針）の第1章（総則）の「4　幼児教育を行う施設として共有すべき事項」の「⑵　幼児期の終わりまでに育ってほしい姿」のなかにある10の視点は、就学時の具体的な姿であるととらえて、保育者が指導を行う際に考慮していくものとされている。しかし、小学校就学までに鍛え上げて訓練するものでも、時間割のように「今は健康な心と体のために運動遊びをしている」などということでもない。また、遊びは子どもの主体的な活動であって、「運動遊び」「文字遊び」をするものでもない。保育者は子どもの主体的な活動がうながされるように、環境を整え、子どもたちとかかわることが大切なのである。

　子ども自身の育ちを支えるためには、それに寄り添う保育者の行う保育も、子どもの育ちを支えられるものでなければならない。子どもは日々成長していて、その発達は連続しているという認識をもつこと、小学校1年生は0からのスタートではなく、乳児期や幼児期の育ちがあって、就学を迎える子どもの姿があるということも理解しておかなければならない。

　小学校学習指導要領の第1章（総則）の「第2　教育課程の編成」の「4　学校段階等間の接続」には、次のように示されている。

小学校学習指導要領　第1章　総則
第2　教育課程の編成
　4　学校段階等間の接続
　　教育課程の編成に当たっては、次の事項に配慮しながら、学校段階等間の接続を図るものとする。
⑴　幼児期の終わりまでに育ってほしい姿を踏まえた指導を工夫することにより、幼稚園教育要領等に基づく幼児期の教育を通して育まれた資質・能力を踏まえて教育活動を実施し、児童が主体的に自己を発揮しながら学びに向かうことが可能となるようにすること。
　　また、低学年における教育全体において、例えば生活科において育成する自立し生活を豊かにしていくための資質・能力が、他教科等の学習においても生かされるようにするなど、教科等間の関連を積極的に図り、幼児期の教育及び中学年以降の教育との円滑な接続が図られるよう工夫すること。特に、小学校入学当初においては、幼児期において自発的な活動としての遊びを通して育まれてきたことが、各教科等における学習に円滑に接続されるよう、生活科を中心に、合科的・関連的な指導や弾力的な

> 時間割の設定など、指導の工夫や指導計画の作成を行うこと。

　保育者は小学校教諭がこの10の視点の育ちを踏まえて授業をしていくということに気づきをもち、保育現場では保育実践をとらえなおしていかなければならない。

　小学校に入学すると子どもの集団で登下校したり、連絡帳に自分で明日の持ち物や時間割などを記入するなど、教育が中心となった生活を送る。小学校では、幼児期との接続にあたり、「生活科の授業を中心として……」、と小学校学習指導要領に示されているとおり、登下校の際の安全、朝顔の観察記録、夏野菜を植えて世話したりすることなど、幼児期の教育的な要素を生活科で学習する。国語の授業では絵本が題材になっている教科書を読んで登場人物の気持ちを考えたりすることもある。算数の授業では、さまざまな空き箱を組み合わせて図形の学習をしたりする。

　小学校低学年における内容の多くは、就学前までに多くの子どもが保育所等で遊びを通して経験してきていることである。保育所や認定こども園では、安全のことについては、「園外に散歩に出かける際に道路に飛び出さない」「信号を守る」など、保育者と安全に行動するための話をする。夏野菜を植えて、毎日水やりをし、日々成長する夏野菜を食べごろで収穫し、それを自宅にもち帰ったりすることもある。また、保育者はほぼ毎日絵本を読み、絵本によってはその題材を子どもに演じさせたりすることもある。自由遊びのなかで廃材を利用してロケットや船などの形を自由に作って遊ぶことができるコーナーを設けているところもある。しかし、幼児期に経験してきた内容を、小学校では、文字を読み理解するなどの、幼児期には経験してこなかった方法で学習していくのである。

　保育指針の第2章（保育の内容）の「4　保育の実施に関して留意すべき事項」の「(2)　小学校との連携」のイに、「保育所保育において育まれた資質・能力を踏まえ、小学校教育が円滑に行われるよう、小学校教師との意見交換や合同の研究の機会などを設け」ること、「幼児期の終わりまでに育ってほしい姿」を共有するなど連携を図ること、また、保育現場、小学校現場の双方が幼児期と小学校低学年の子どもの発達を知り、保育所保育と小学校教育との円滑な接続を図ることができるよう、保育・教育に生かしていく必要があると書かれているのである。

　乳幼児期の教育が、単に遊びだけではなく、養護と教育が一体となったものとして実施されているということから、その乳幼児期の学びを基礎として、小学校教育がなされていくということを保育士や保育教諭が理解しておく必要がある。

参考文献
- 大橋喜美子『0・1・2歳児の保育の中にみる教育』北大路書房，2017.
- 上月素子編著『保育者論』あいり出版，2015.
- 大橋喜美子編『乳児保育 第2版』みらい，2016.
- 民秋言編『幼稚園教育要領・幼保連携型保育所保育指針の変遷と認定こども園教育・保育要領の成立』萌文書林，2014.
- 厚生労働省ホームページ「お母さんと子どものコミュニケーションのために」パンフレット

COLUMN　就学につなげる保育者の役割

　1964（昭和39）年以降、2008（平成20）年までの間、「幼稚園教育要領」改訂の1年後に「保育所保育指針」の改訂が行われていた。子どもを取り巻く施設としてさまざまな大人の事情が含まれていたのかもしれないが、2008（平成20）年には「保育所保育指針」「幼稚園教育要領」が同時に改訂になった。それまで通知文書であった「保育所保育指針」が2008（平成20）年の改訂から告示となったことも大きな変革であった。

　2017（平成29）年告示、2018（平成30）年4月1日から適用となった「保育所保育指針」「幼保連携型認定こども園教育・保育要領」「幼稚園教育要領」については、「トリプル改訂」といわれるように、2018（平成30）年は歴史的にみても保育界で大きな変革の年となった。

　保育所や幼稚園や認定こども園が、就学前の子どもを預かる施設として、保育士・保育教諭・幼稚園教諭が、ともに子どもの成長を主として就学につなげていくという同じ方向性をもって保育実践をしていかなければならない。

（松尾寛子）

第7講

子どもの主体性を尊重する保育

本講では、「子どもの主体性を尊重する保育」とは何かについて具体的な事例に即して考え、理解する。「子どもの主体性を尊重する保育」を実際に展開していくうえでの困難点や、保育者自身の葛藤、それを支える保育者集団の存在などの重要性も理解する。そして、実現するために、保育者がどのようなことに留意し、どのような状況をつくっていったらよいかについて理解する。

Step 1

1. 子どもを「主体として尊重する」

社会の状況と大人の責任

　私たちの社会は、ほんとうに子どもを尊重する社会になっているのだろうか。例えば、日本の子どもの貧困率は1990年代半ばからおおむね上昇傾向にあり、特にひとり親世帯の相対的貧困率は非常に高い水準となっている。子どもが虐待によって心や体に傷を負ったり、時に命を落としたりしているという社会の現実もある。それ以外にも、子どもたちが健やかに幸せに安心して成長していけるような社会であるかどうか、私たち大人はしっかり見きわめ、そのような社会をつくるようにしなければならない。このように、「子どもの主体性を尊重する保育」と社会のありようを切り離して考えることはできない。

子どもを尊重し幸せを願う条約や法律

　大人の都合や利益に左右されずにすべての子どもが幸せに育てられ成長していける権利を保障するため法律や条約がある。国連では、「児童権利宣言」「児童の権利に関する条約（通称・子どもの権利条約）」などが採択されている。そのような条約のめざすところをふまえ、児童福祉法は日本の子どもたちが、愛され、健康で安心した生活や成長発達が保障される権利を有していることを示している。同法第1条には次のように示されている。

> **児童福祉法**
> **第1条**　全て児童は、児童の権利に関する条約の精神にのっとり、適切に養育されること、その生活を保障されること、愛され、保護されること、その心身の健やかな成長及び発達並びにその自立が図られることその他の福祉を等しく保障される権利を有する。

　また保育所保育指針（以下、保育指針）第1章（総則）にも、保育所が「入所する子どもの最善の利益を考慮し、その福祉を積極的に増進することに最もふさわしい生活の場でなければならない」こと（保育所の役割）、「子どもの主体としての思いや願いを受け止める」こと（保育の方法）が示されている（下線は筆者）。

2.「主体的に活動する」こと

環境を通して行う教育

　子どもは周囲の大人との信頼関係を基盤としながら、自分を取り巻く身近な環境に主体的にかかわり、活動を生み出し、発達に必要な経験を得ていくのである。ここに、「子どもの主体性を尊重する保育」の基本がある。保育指針や幼稚園教育要領（以下、教育要領）等にも、保育において環境が重要であることや、保育が環境を通して行われることについて多く示されている。

子ども自身の必要感、納得

　子どもの主体性を尊重した保育を行ううえで、「子ども自身が感じる必要感や納得」は重要である。何かを行うとき、例えば「遊びを片づけて集まりをする」ときにも、子ども自身が自分の遊びを終わりにして片づけ、集まりをすることを「必要だと思い納得している」のかが重要となる。大人の考える「必要」ではなく、子どもが「そう感じているか」を常に考える必要がある。

3. 主体性を尊重する保育の難しさ

定義する難しさ、実現する難しさ

　主体性を尊重した保育とはこのような保育である、と明言するのは難しい。定義の難しさがあると考える。

　一概に保育といっても、さまざまな側面がある。一斉活動もあれば、子どもが選択するにまかせる活動もある。保育者から与えられる課題もあれば、子ども自身が自分の課題を発見したり、与えられた課題でも自己の課題として受け止め、取り組む場合もある。子どもが自ら選んで活動できる場面でも、実は選択の幅は無制限ということはなく、限られている。遊びの場に制約があったり、選択できる遊びの種類や数が決まっていたりなどである。そして、自由に選んで遊んでいるようでも、子ども一人ひとりの心のなかは、それぞれ異なることがある。主体性のありようも、発達の時期によって異なる。

　このように保育と主体性のいずれも複雑で多様な側面をもつため、「主体性を尊重した保育」を実践していくということはそう簡単ではない。それは「主体性を尊

重した保育」が実践の目標であり、常に求め続けるものであるからである。それでも、後述するように、「見栄え重視の保育」や「(結果を求められて、子どもが) やらされる保育、強いられる保育」などは「主体性を重視した保育」を実践する際に、留意しなければならない視点であろう。子ども観や保育観、何を保育の目標としているか（結果なのか、心の育ちなのか）などがからみ合いながら、主体性を尊重する保育の実現に、しだいに近づいていくものなのだろう。

こうした"難しさ"について事例を通じてさらに考えてみよう。

事例①：あいさつはいっせいに言わされるもの？

「朝のあいさつ」について考えてみよう。毎朝、玄関を入るとき、保育室に入ったとき、保育者や友だちに「おはよう」とあいさつを交わす。はじめは、うながされて行っていたあいさつが、しだいに自発的に行われ、さらに友だちに対しても「〇ちゃん、おはよう」と自分からあいさつを交わすようになってくる。そこには、園での生活に慣れて安心して過ごせるようになることや、園での生活を楽しみに登園するようになるという気持ちや、保育者や友だちとの人間関係ができてくるという育ちがある。しかし、このような生活への意欲や関係の育ちに目を向けず、いっせいに集まって、大きな声で「おはようございます」と唱え言葉のように言うことがあいさつの指導であると勘違いする保護者も多く、クレームになることがある。それを受け入れ、たとえお昼前の時間であっても、全員がそろったときに大きな声でいっせいに「おはようございます」を「言わせる」保育が生まれる。

事例②：立派な合奏披露のためには失うものもある

ある園で、5歳児が合奏を披露した。ベートーベンの「喜びの歌」を、子ども自身によるピアノやメロディオンなど何種類もの楽器を分担しながら、ひな壇のお雛様のように並んで、合奏した。聞きに来ていた保護者や近隣の大人たちは「感激した」「すばらしい」と絶賛した。その5歳児たちが、何日も何日も一室に集められて「練習」していたことを知らないのである。目に見える結果に目を奪われ、秋晴れの園庭で思い切り体を動かして遊ぶ多くの時間が奪われていることには気づかないのである。

どちらの事例も珍しいものではない。子どもに、帽子をかぶせ、手に紙花を着け、音楽を流して踊らせる発表会、運動会の競技やダンスで、終わった後のポーズタイム（写真撮影のため、保護者のほうを向く）を設ける例など、切りがないほどである。保育者は、よかれと思い、いつの間にか「見栄え」や「大人にとっての望ましい結果」を求め、子どもに知らず知らず強いて「させる保育」になってしまうことがある。ここに、子どもの主体性を尊重する保育の難しさの1つがある。

「見栄え」のための保育、「（結果を求めて）させる」保育はなぜ生まれるのだろうか。子どもが身近な環境に自発的にかかわって生み出す活動の多くは「遊び」である。この「遊び」こそ、子どもが多くを学び、発達に必要なさまざまな経験を子どもに与えてくれる。しかし、残念なことであるが、子どもにとっての「遊び」の重要性が社会のなかで十分に認識されているとはいえない。遊びによってすぐに"目に見える能力"が身につくものではないからである。大人には子どもの内面に育つものや、心の充実感などがみえにくいために、子どもの自発活動としての遊びに価値を見いだせないのである。そのため環境を整え、たっぷりと時間を保障し、専門家としての必要な援助をするという、遊びが十分に尊重される保育やそのような保育をする保育者たちを正当に評価しないということもある。そのような考え方を背景として、保育の世界でも、目にみえる結果を求め、保護者に対して「（保護者に）見せるための、見栄えを求める保育」や「結果を求めて（子どもが）"やらされる"保育」「（子どもを）"追い込む"保育」を行ってしまう場合がある。そのほうが、保護者は喜び、評価することが多いからである。

4. 子ども自身が選び、つくり出す遊びや生活

事例③：時間割が決められている

　最近、室内の壁面や黒板に、時計の絵と行動が示されているのを多く見かけるようになった。これはどう考えたらよいのだろうか。
　子どもと相談するにしても、保育者が保育の見通し（計画）を立て、保育者主導で集まりや食事や課題への取り組みなどの流れが決められ、子どもたちが行動するという展開である。どうすれば子ども自身が見通しをもって自ら行動するようになるかを保育者が考えた結果として時計の絵と行動を示すようになったのだろうか。時計の絵と行動が示される状態を子どもはどのように受け止めるのだろうか。そもそも子どもは、終わりの時間を決めて遊ぶものなのだろうか。一日の見通しをもって生活するということは、時間までも含めたものだろうか。それとも、期待する活動を思い浮かべ楽しみにすることが子どもにとっての見通しなのだろうか。小学生でさえ、1時間目は〇〇、2時間目は□□、というように時間割をとらえている。子どもがあらかじめ示された時刻を気にするあまり「もうすぐ（約束の）時間だから」と自己規制して、まだ20分も前から遊びをやめたり、「もうすぐ片づけだから、おもちゃをたくさん出しちゃダメなんだよ」と友だちの遊びを規制する姿もある。

　子どもに、もっと子ども自身の時間を取り戻さなければならないだろう。自分の気持ちを切り替えるための時間、やってみようと思うまでの時間、納得するまでの

時間など、子どもがもつ時間は一人ひとり違っているはずである。人間は2つの時間をもつといわれる。1つは万人に共通な時間、すなわち時計で測れる時間であり、誰にでも同じように流れる時間である。もう1つの時間は、それぞれの主観的な時間のことである。夢中で遊ぶときには1時間があっという間に過ぎ、一瞬に感じることがある。後者の時間こそ、保育者や幼稚園で経験させたい時間である。

事例④：保育者が"待つ""つきあう"、それを支える同僚保育者

このA保育者（写真）は、クラスのほかの子どもたちがすでに園庭に移動し、遊びはじめていることを知っている。自分も一緒にそこに合流したい（しなければならないだろう）と感じている。一方で、B児が一人で悪戦苦闘しながらも「一人でやる」[*1]と取り組んでいる気持ちや行動を受け止め、受け入れ、なんとか支え、成就させたいとも思っている。時間も気になる、自分が一人にかかわっているとチームの保育者への負担が増しているだろうと想像すると、なおさら「保育者が履かせたほうが早い」と思う誘惑にかられる。そこに、同僚保育士が「いいわよ。ゆっくりみてあげて。Bちゃん、がんばっているね」とA保育者とB児に声をかけた。

子どもが集団で生活しているとき、事例④のような場面で、保育者が「葛藤」することは多くある。そのようなとき、同僚からのさりげない「言葉かけ」がA保育者の「子どもの主体的活動を受け入れる保育」を支えるのである。

このような事例は、保育の現場では多々みられる。保育者同士の支え合いが「子どもの主体性を尊重する保育」を可能にしているといっても過言ではない。

事例⑤：子どもがつくり出す遊び（保育者の想定を超えるとき）

子どもたちの興味のある活動を展開しようと考え、3つのクラスの担任がクラスを解体し、あらかじめ用意された遊びのなかから子どもたちが好きな遊びを選んで参加するようにした。あるときは、同じような種類の異なる遊びを用意したり、またあるときは傾向のまったく異なる遊びを用意したりして、体験を重ねてきた。あるとき、子どもたちの意見を聞きながら遊びを決めて、空き箱のおもちゃづくりや、人形づくり、ホテルごっこ、レストランなどのいくつかの遊びを設定した。しかし、遊びに参加しようとしない男児たちがいる。他児の楽しんでいるいろいろな遊びに参加するよう誘ってみたが、まったく参加しようとせずフ

[*1] 倉橋惣三はその「保育論」のなかで「自分で、自分が、自分から」という言葉の大切さを述べている。（倉橋惣三『育ての心』フレーベル館，1988.）

Step1 レクチャー

> ラフラと動き回るだけである。意見を聞いてみると、ようやく「ゴルフ場ならやりたい」という意見が出る。そこで、保育者は数人の男児とともに、ゴルフ場づくりをはじめ、芝生に見立てたシートや、穴を開けたホール、ゴルフクラブなどを作り、ゴルフ場ごっこへと発展した。

どんなに子どもの実態をよく把握し、実態に適した環境や活動を準備しても、予想通りになるとは限らない。計画はあくまでも計画であり、ひとたび保育がはじまったなら保育者の計画はいったん脇にどけて（捨てるわけではない）、子どもの実際に"応じていく"柔軟な姿勢が求められるのである。保育者が自分の立てた計画に固執せず柔軟に対応することが重要である。つまり、保育者の想定や意図を超えた子どもの動きや活動の姿を、喜んで受け容れ、その姿を楽しみ、応援するということである。このような計画に対する柔軟な考え方や保育者の姿勢こそ、「子どもの主体性を尊重する保育」につながるものである。

5. 子どもの訴えを聴く

> **事例⑥：私の三輪車がない**
>
> 　3歳児が園庭に出て遊びはじめた。4人が三輪車に乗ろうと三輪車置き場に行った。それぞれ自分の三輪車を確保して、出かけようとするが、A児1名だけ自分の三輪車がない。一番奥に1台見つけ引っ張り出そうとするが、何かが引っかかってなかなか出てこない。それを見ていたB児が自分の三輪車から降りて手伝いに行った。おかげで引っ張り出せた。A児はすぐにまたがり三輪車をこぎながら、C児・D児らと園庭中央に向かって移動しはじめた。B児は急いで自分の三輪車のところに戻ったが、すでに他児が乗って園庭中央に動きはじめている。B児は納得できないような表情で、担任保育者のところに行って何か訴える。保育者はB児が三輪車を取られてしまったことをすぐに了解し、園庭の中央部に置きっぱなしになっている三輪車を指し示し、「あそこに1台ある」「あれに乗ればいいでしょう」「早く行ったほうがいい」とうながす。B児は納得せず、何度も自分の三輪車が他児に乗られてしまったことを訴えるが、保育者は「あそこにあるから。早く行きましょう」と答える。

　B児は、三輪車が欲しかったのだろうか。三輪車が手に入ればそれで満足できたのだろうか。そうではない。自分が遭遇してしまった出来事の理不尽さ、思いがけないくやしさなどを、保育者にきちんと受け止めてもらいたかったのではないだろうか。解決ではなく、訴えを聴いてほしかったのではないか。「主体性を尊重する」とは、まず、訴えを聴くことが出発ではないだろうか。

Step 2

> **演習 1** 保育所保育指針のなかで、主体性、主体的活動などの言葉がどのように用いられているのか、探して、整理してみよう

課題

① 保育所保育指針（以下、保育指針）の第1章（総則）を読み、「環境」という言葉が出ている部分を探し、印をつけてみよう。

② 保育者は「ａどのような環境を整えたらよいのか」「ｂどのようなことに留意して環境を整えるのか」について書き出し、整理してみよう。

③ 「主体」「主体性」という言葉が出ている部分を探し、印をつけてみよう。

④ 「主体的な活動」はどのような配慮で行われるようになるか、保育指針の文章から読み取ってみよう。その部分を書き出し、グループで話し合って整理してみよう。

⑤ 自分たちの整理したものをほかのグループに説明してみよう。

進め方

（1）準備する物

保育指針、幼稚園教育要領、認定こども園教育・保育要領、マーカー

（2）方法

保育指針等で、「主体」「主体的活動」が取り上げられている部分を探し、マーカーを付け、どのくらい取り上げられているのか実感してみる。

課題③、④、⑤を行う。課題⑤は各グループに説明係を決め、ポスター発表のように集まってきたほかのグループの学生に説明する。学生はいろいろなグループの説明を聞いて回る。1回の説明は3～4分で、合図に従って繰り返し行う（説明係は交代）。

Step1　**Step2 プラクティス**　Step3

演習 2　事例を通して、子どもの思いや保育者の思い、チームを組んでいるほかの保育者の思いを考えてみよう

課題

子どもや担任保育者、その周囲の保育者の思い（の可能性）を、行動や言葉などの根拠を示しながら、できるだけ多く書き出して整理する。担当保育者の思いに気づくチームのほかの保育者の思いや配慮に気づく。

事例

　そろそろ昼食の時間になるので、1歳児クラスの子どもたちは園庭から保育室に引き上げはじめる。D児は、何人かの保育者から「お部屋にはいろう。ごはんよ、おなかすいたでしょう」と声をかけられるが、三輪車に乗ったまま応じず、園庭を移動している。

　「X先生、お願い」と同じクラスの先輩保育者からD児を託されたX保育者は、最初はほほえみながらD児の様子を見ていたが、いっこうに三輪車を所定の場所に片づけようとしないので、「Dちゃん、ご飯だから片づけよう。みんな待ってるよ」と何度も声をかける。D児はその声から逃げるようにあちこちに移動する。そのうち、園庭中央で5歳児が応援合戦をはじめる。運動会も間近なので、応援団のパフォーマンスにも熱が入っている。D児はその様子に釘づけになる。夢中になるあまりトラックの中央に出て行ってしまうD児を、あわててX保育者が連れ戻すことを繰り返す。

　そこへ、すでに保育室に引き上げた保育者の一人がやってきて「先にご飯を食べているから、Dちゃんに少し付き合ってあげて。ほかの子どもたち、皆先に食べるから大丈夫」と小声で伝える。X保育者は「すいません。じゃあ、お願いします」と答える。そして、今度はD児と二人でしゃがんで並び、5歳児の応援団のパフォーマンスをじっと見る。ゆったりとした雰囲気で、D児も落ち着いて見ている。

　応援合戦が一段落して再びD児は動き出したが、まだ入室のそぶりは見せない。途中で真っ赤に紅葉した木の葉を一枚見つける。付き添っているX保育者が「きれいだねー。どうする？　Y先生にお土産にしようか」と聞くと、D児は「うん、Yせんせいに」と言い、目を輝かせて急いで保育室のほうに歩きはじめる。Y先生はD児が一番好きな先生である。

　保育室に戻ると1歳児クラスではすでに多くの子どもが食事を終わりかけていた。「おかえり。待ってたよ」と出迎えられると、「Y先生にお土産があるのよね」と言葉を添えてもらいながら、D児は赤い葉をY先生に手渡し、満足げだった。

第7講　子どもの主体性を尊重する保育

進め方

（1）準備する物
　記録シート

（2）方法
　事例を読んで、場面を想像してみる。
　グループの友だちと話し合いながら、記録シートに書き込んでいく。
① 　D児の行動を書き出し、その気持ちについて考える。
② 　X保育者の行動を書き出し、そのときの気持ちを考えてみる。
③ 　X以外の保育者の気持ちを考えてみる。
　※それぞれの気持ちは、「そのように思うかもしれない」という可能性があるものをすべて書き出してみる。

図表7-1 記録シート（例）

D児		X保育者		他の保育者	
行　動	気持ち	行　動	気持ち	行　動	気持ち
三輪車で遊ぶ	まだこげないけれど楽しい もっと遊びたい	急に頼まれて交代	（D児の遊びの状態を十分わからなかった？）	入室を促す	さあ、みんなでご飯を食べよう
入室を嫌がり逃げ出す	先生の注意を惹きたい まだ遊んでいたい	入室を促す	昼食の準備時間だから入室しなければならないと焦る	D児が嫌がるので、X保育者に頼む	
応援団に見とれる	年長さんはすごいなあ 先生も一緒に見てくれてうれしい	応援団を一緒に見る	私一人D児と園庭にいてもいいのだろうか？ きっと忙しいだろう ちょっと付き合おう		（その他、どんな気持ち、考えがあるのか、可能性を書き出してみる）

Step1 **Step2 プラクティス** Step3

> **演習3** 今までの実習体験や子どもとのかかわりのなかで、子どもの気持ちを尊重したいがさまざまな理由でそれができなかったことはあるだろうか。迷ったり、どうしようかと葛藤したりしたことはなかっただろうか。その場面を思い出し、整理してみよう

課題

① 演習2の事例のように、子どもの気持ちをそのまま受け入れられなかった場面を思い出して、書き出してみよう。
② 保育者（子どもとかかわる大人）はどんな葛藤をかかえているのかを整理してみよう。
③ 子どものそのときの「こうしたい」という気持ちと、「こうなってほしい」という保育者（大人）の願いがぶつかる例がないか、思い出してみよう。

進め方

（1）準備する物

記録カード（付箋紙大）

（2）方法

① どんな葛藤場面があったのか、簡単に事例を書き出す。
② グループの友だちと話し合いながら、事例の共通点や異なる点を整理する。
③ 子どもの気持ちや行動を受け入れられなかった、あるいは迷ったり躊躇したりしたのは、どうしてなのかを整理してみよう。

図表7-2 記録カード（例）

場面（簡単に説明）	子どもの思い
	保育者の願い

第7講 子どもの主体性を尊重する保育

Step3

1. 事例を通して「主体性を尊重する保育」を再考する

　ここまでの事例を通して、「子どもの主体性を尊重する保育」を実践していくときに気をつけなければならないことをいくつか考察することができた。1つは、子どもの訴えに真剣に耳を傾ける。訴えを受け止めるということである。2つは時間の問題である。子どもをせかせたり、時間割で縛ったりしてはならない。特に「何時になったら（長い針がここまで来たら）、〜をする」というような一日の見通しを示す方法は、年齢や発達を考慮し、慎重さが求められる。3つは、目に見える技術や能力を一律に求めようとしないということである。そのような姿勢が、「子どもを、追い込む」保育になっていく一因だと考える。結果を求めず、一人ひとりのプロセスを大事に育てていくことが、それぞれの子どもの「主体性を尊重する保育」につながるのである。4つに、保育がはじまったときに、すでに立てた計画にしたがいながらも、いかに目の前の子どもの状況に自在に応じるかという柔軟性が求められるということである。5つは、保護者からの評価に敏感になり、子どもよりも保護者を意識して「見栄え」を求める保育になってはいけないということである。

　最後に、「子どもの主体性を尊重する保育」を実践しようとするとき、必ず集団との関係などから、保育者自身が葛藤することがあることを心に留めておきたい。その子どもの気持ちを受け止め、その行為を受け容れてやりたいと思う気持ちと、集団生活のなかで時間の制約や他児との関係があるなどして、そのようにできない気持ちとの間で保育者は葛藤する。そのとき、協働する保育者が連携すること、葛藤をすぐに解決できないことを認め合っていくことが必要である。

2. 子どもの「主体」意識が育つとき

　佐伯は、「主体的」というときの「主体」は行為主体（subjective agent）のこととし、「赤ちゃんが自我（行為主体）に気づくのは，他者が主体的に、二人称的に赤ちゃんにかかわってくれたときである」とのレディの主張[*2]を取り上げながら、「他者が親し気なまなざしを向けてくれたときに」赤ちゃんは自分が行為主体であることに気づくと述べている[*3]。鯨岡も、子どもが自分の存在を保育者に映し返してほしいと思うのは、「自分一人では自分の存在を確かめられず、自分一人では自

[*2] V・レディ，佐伯胖訳『驚くべき乳幼児の心の世界──「二人称的アプローチ」から見えてくること』ミネルヴァ書房，2015.

分をしっかり肯定できないからに違いありません」と述べている[*4]。つまり、子どもがしっかりと「主体」としての自分をとらえるのは、「保育者のまなざし」が重要なのであるといえる。

3. その他、注目すべき実践

プロジェクト活動

子どもの興味・関心や素朴な疑問から出発したテーマにそった活動が、少人数グループやときにはクラス全体で、数週間から数か月、さらに長期に取り組まれる。子ども自身の興味・関心、思考にそって、テーマを発展させながら展開されることもある。目的をもち、計画を立て、予想したり、納得したり、さらに新たな疑問に向かって探求していったりする活動方法である。子どもたち、保育者、さらには保護者や地域までも巻き込みながら、「協働」していく活動方法である。イタリアのレッジョ・エミリアの保育実践にみられる特徴の1つである。日本においても、近年、幼稚園、保育園などの実践現場で取り入れている園が出てきている。

フレネ学校の教育実践

フランスのニースにある小さな学校（幼稚園と小学校）では、自分のしたいこと、学びたいことを、自分なりに計画し、実行し評価していくという方法が行われている。一緒の教室（保育室）にいても、それぞれが自分の計画にしたがって真剣に学んでいる。全体での話し合い活動も盛んで、何か問題があったときなど、徹底して全員で話し合い、解決方法を考え合う。

実践の根底にあるもの

どちらの実践も、一人ひとりの「個人」としての存在を認め、その有能性を信じることから出発している。また、教師・保育者が一人ひとりの状況（何をしたいと思い、今どのように取り組んで、どこに困難があるのかなど）を観察や記録から把握し、専門性に裏づけられた子どもの主体性を損なわない援助が行われている。

[*3] 佐伯胖「「主体的・対話的で深い学び」とは」『都私幼連だより』特別寄稿，東京都私立幼稚園連合会，2017.
[*4] 鯨岡峻『保育・主体として育てる営み』ミネルヴァ書房，2010.

参考文献

- 鯨岡峻『保育・主体として育てる営み』ミネルヴァ書房，2010.
- 鯨岡峻『両義性の発達心理学』ミネルヴァ書房，1998.
- 鯨岡峻『関係発達論の構築』ミネルヴァ書房，1999.
- 倉橋惣三『育ての心』フレーベル館，1988.
- 佐伯胖他『子どもを「人間としてみる」ということ』ミネルヴァ書房，2013.
- V・レディ，佐伯胖訳『驚くべき乳幼児の心の世界――「二人称的アプローチ」から見えてくること』ミネルヴァ書房，2015.

COLUMN　赤ちゃんの「主体」に気づく（実習生のつぶやきから）

　次の文章は、実習から帰ってきた直後の振り返りのなかで語られ、書かれたものである。実習生である学生Aさんは、率直に、子どもに対する気持ちをつづり、実習を通して子どもには、子どもなりの欲求や主張があることに気づいている。まだ、確かな「主体」として育つには長い時間を要するが、その「主体」としての育ちの長い道のりの始まりのころにある赤ちゃんの「主体」に気づけたことは貴重である。

> 　私は、乳児クラスに配属されたとき、おむつの替え方を指導していただいた。学校で習ったのと実際はやはり違っていて難しかった。赤ちゃんは人形のようにじっとしていてくれない。予想外の動きをしてせっかく途中まで替えたのに、はじめからやり直すこともあった。悪戦苦闘。
> 　そして、一人の赤ちゃんだけではなく、何人もの赤ちゃんのおむつを替えるのだから、話しかけている暇などないだろう。それに、赤ちゃんに話しかけたって赤ちゃんには意味がわからないし、話しかけるのは無駄だと思っていた。
> 　けれど、担当の保育士さんが話しかけているのを見ていると、赤ちゃんは意味がわからなくても聞こえているし、感じ取っているのではないかと思った。優しく語りかけることで"安心"することもわかった。
> 　おむつを手早く清潔にするお世話をするだけではなく、赤ちゃんが安心できるようにすることも保育の大事な仕事だと思うようになった。

　一生懸命、黙々とおむつを替えている姿が目に浮かぶ。そのときのAさんは、きっと赤ちゃんを一人の人間（主体）として受け止めていなかったのであろう。保育者のかかわりを見ながら、実際に自分でかかわってみながら、赤ちゃんが欲求をもち、意思をもち、保育者からのはたらきかけに応じる、一人の人間（主体）であることをわかっていったのだろう。これが保育者としてのスタートとなる。

（岸井慶子）

第8講

環境を通して行う保育

本講では、環境を通して行う保育とは何かを以下の4点から理解する。①保育所保育指針における環境を通して行う保育、②保育所保育指針に通底する子ども観、③援助者(環境を構成する人)および共同作業者としての保育士の役割、④指導計画作成の際の要点

Step1ではこれらを解説し、Step2では演習形式で学ぶ。そしてStep3では、幼稚園教育要領、幼保連携型認定こども園教育・保育要領における環境を通して行う教育および保育について学ぶ。

Step 1

1. 環境を通して行う保育とは

保育所の特性

　保育は「環境を通して行う」ことが基本とされている。保育所保育指針（以下、保育指針）では、第1章（総則）で、「保育所の役割」を、「保育所は、その目的を達成するために、保育に関する専門性を有する職員が、家庭との緊密な連携の下に、子どもの状況や発達過程を踏まえ、<u>保育所における環境を通して</u>、養護及び教育を一体的に行うことを特性としている」（下線は筆者）と述べている。
　ここで述べている、養護および教育を「環境を通して」行うということは、保育士が「保育方法」として環境を構成するという意味であり、子どもにとっては環境に自らはたらきかけ発達を獲得するための学びの「方法」という意味でもある。
　また、保育では、「環境」を「方法」という意味以外でも使用している。すなわち、保育の内容としての「環境」である。保育の内容は、「養護」と「教育」の両面から示してあるが、実際には一体となって展開される。
　「養護に関わるねらい及び内容」における「環境」の取り扱いとしては、「生命の保持」において、「保健的で安全な保育環境の維持及び向上に努める」「清潔で安全な環境を整え」といった文言が出てくる。「主に教育に関わるねらい及び内容」としての「環境」は、保育を通じて育みたい資質・能力を、子どもの生活する姿からとらえたものであり、「内容」として「ねらい」を達成するために、保育士等が援助して子どもが環境にかかわって経験する事項という意味である。
　保育は、「環境」を「内容」に加えて「方法」としてもとらえており、かつ「環境を通して行う」ことを保育方法の基本としていることが大きな特性なのである。

保育所保育指針に通底する子ども観

　環境を通して行う保育が基本となる理由を、保育指針における子ども観から考える。2008（平成20）年に告示された保育指針では、以下のように述べており、現行（2017（平成29）年告示）の保育指針でもその見方は受け継がれている。
　「子どもは、様々な<u>環境との相互作用により発達していく</u>。すなわち、子どもの発達は、子どもがそれまでの体験を基にして、<u>環境に働きかけ、環境との相互作用を通して、豊かな心情、意欲及び態度を身に付け、新たな能力を獲得</u>していく過程である」（下線は筆者）
　教育の対象としての受け身的な子どもという見方ではなく、積極的に自分から環

Step1 レクチャー

境にかかわり発達に必要な経験をし、望ましい発達を実現していく主体的な存在としての子どもという見方が保育指針に通底する子ども観であり、保育方法は子どもを主体とした学習中心のものとなる。対して、講義中心の教育（授業）では、教師（教える者）が教材（教える媒介）を使って、子ども（教えられる者）に知識・技能等を伝えるという教授中心の教育方法になる。

保育では、子ども自らが「〜のようになっていく」発達を援助するという方向目標を評価の主眼としている。人生の初期段階である乳幼児期は、小学校以降の教育の土台となる「生きる力の基礎」を培うことをめざし、主体的な子ども観を根底にすえて保育を行うことが強く望まれるのである。

2. 保育の環境と保育士の役割

保育の環境

「環境」を辞書で調べると「まわりを取り巻く周囲の状態や世界。人間あるいは生物を取り囲み、相互に関係し合って直接・間接に影響を与える外界」（『大辞泉』小学館）となっている。保育指針では、第1章（総則）の1の「(4) 保育の環境」として、①保育士等や子どもなどの人的環境、②施設や遊具などの物的環境、③自然や社会の事象の3つをあげている。こうした人、物、場が相互に関連し合って保育の環境がつくり出される。

環境を構成する意味

保育では、環境を「構成する」という。同じような言葉に環境の「設定」があるが、違いは何であろうか。それは、物や空間などには設定という言葉がしっくりくるが、人に対して設定という言葉を使うのはそぐわないからである。

環境の構成は、物の種類や数、配置を決めたり保育士の人員配置をしたりするだけにとどまらない。子どもの姿や思いと保育士の願いを重ね、ねらいおよび内容を考え、子どもの育ちの方向性を見通しながらその実現に向かってどのような方法がよいか考える行為である。つまり、人、物、場などの環境が相互に関連し合い醸し出す雰囲気を考え、保育士の意図を環境に込め、子どもの生活を豊かなものとしていく過程そのものが環境の構成の意味となる。

援助者(環境を構成する人)としての保育士の役割

　保育士は、援助者(環境を構成する人)としての役割がある。保育指針第1章(総則)の1の「(3)　保育の方法」には「子どもが自発的・意欲的に関われるような環境を構成し、子どもの主体的な活動や子ども相互の関わりを大切にすること」と書かれている。また、「(4)　保育の環境」では、次にあげる4つの事項に留意しつつ、計画的に環境を構成し、工夫して保育しなければならないとしている。

○保育の環境の留意点

> ア　子ども自らが環境に関わり、自発的に活動し、様々な経験を積んでいくことができるよう配慮すること。

　子ども自身がかかわりたくなるような魅力的な環境を保育士が構成し、それまでの経験で得たさまざまな資質・能力を十分に発揮できるよう工夫する必要がある。その際に、多様で豊かな環境を構成し、子どもの経験が偏らないよう配慮する。

> イ　子どもの活動が豊かに展開されるよう、保育所の設備や環境を整え、保育所の保健的環境や安全の確保などに努めること。

　安心感や他者に対する信頼感の得られる環境のもとで、自己を十分に発揮し、自発的・意欲的に活動が展開されるよう、全職員が常に心を配り、衛生や安全について確認するための体制を整えるなど、保育所全体で取り組んでいく必要がある。

> ウ　保育室は、温かな親しみとくつろぎの場となるとともに、生き生きと活動できる場となるように配慮すること。

　1日の生活が、発達過程や時期、季節などに即して静と動のバランスがとれるようにする。保育士とゆったり過ごしたり、気持ちが落ち着いてくつろぎを感じたりできる時間や場の保障とともに、遊びに集中したり友だちと一緒に思いきり体を動かしたり、さまざまな活動に取り組むことができるような環境が求められる。

> エ　子どもが人と関わる力を育てていくため、子ども自らが周囲の子どもや大人と関わっていくことができる環境を整えること。

　同年齢や異年齢の子ども同士、保育士等や地域の人とのかかわりなど、安心してさまざまな人とかかわる状況をつくり出すことが大切である。さらに、複数の友だ

ちと遊べる遊具やコーナーなどを設定し、物の配置や子どもの動線などに配慮し、人とのかかわりが自然とうながされるような環境をつくることが重要である。

共同作業者としての保育士の役割

　環境との相互作用により成長・発達していく子どもにとって、最も身近な人的環境である保育士の存在は大変重要である。子どもは、保育士との基本的な信頼感をよりどころにして周囲の環境に興味や関心を向けていく。

　また、環境は一度構成すればよいというわけではなく、子どもの状況によりさまざまに変化していくなど応答性があり、乳幼児期の子どもの成長にふさわしいものになるよう配慮しなければならない。そのために、保育士は子どもと生活や遊びをともにするなかで、一人ひとりの心身の状態を把握し、子どもが自ら環境にはたらきかけ、感じたり考えたり試したり工夫したり繰り返したりする過程を見守り、子どもとともに環境を再構成しながら楽しんでいくことが大切になる。

　保育士は、子どもの目線に立ちいっしょになって活動するなかで、感情や思いを共有し、考えたり試行錯誤したりしていくことで、子どもを理解することにつながる。また、子どもにとっては保育士がかかわることで楽しさが増し、ヒントや手助け、モデルを得ることで、より活動が豊かに展開されていくことにもつながる。

　子どもの育ちに見通しをもち、一人ひとりの発達に応じた援助のタイミングや援助の仕方が大切になる。その見極めが保育士には常に求められるからこそ、子どもと生活や遊びを共にする共同作業者としての保育士のあり方が重要となってくる。

指導計画作成の際の要点

　保育の目標を達成するために、保育所は保育の内容を組織的・計画的に構成し、全体的な計画を作成する。指導計画は、その全体的な計画に基づき、具体的な保育が展開されるよう作成される。保育の内容の基本的な考え方を、子どもの発達や実態に即した具体的な保育の過程（計画・実践・記録・省察・評価・改善）につなげて理解する必要がある。指導計画作成の際には、以下のような要点を押さえる。

① 子ども一人ひとりの発達過程や状況、生活の連続性、季節の変化などを考慮し、子どもの実態に即した具体的なねらいおよび内容を設定する。
② 子どもの生活する姿や発想を大切にして適切な環境を構成し、子どもが主体的に活動できるようにする。
③ 活動と休息、緊張感と解放感等の調和を図り、安全な睡眠環境を確保する。
④ 長時間の保育や障害のある子どもの保育を指導計画のなかへ位置づける。

Step 2

> **演習 1** 保育所保育指針に通底する子ども観をもとに、環境を通して行う保育と講義中心の教育（授業）との違いを考え、図示して説明してみよう

課題

① 保育所保育指針（以下、保育指針）における環境を通して行う保育（学習）の特徴を考えて、図示して説明する。
② 講義中心の教育（授業）の特徴を考えて、図示して説明する。

進め方

（1）準備するもの

① 保育指針
② **図表8-1**「保育所保育指針における環境を通して行う保育」、**図表8-2**「講義中心の教育（授業）」

（2）方法

① 保育指針における環境を通して行う保育について書かれている箇所を読み、理解する（第1〜2章中心）。
② **図表8-1**「保育所保育指針における環境を通して行う保育」の（　）に当てはまるキーワードを考えて図に書き込み、隣の学生に説明する。
③ **図表8-2**「講義中心の教育（授業）」の（　）に当てはまるキーワードを考えて図に書き込み、隣の学生に説明する。

図表8-1 保育所保育指針における環境を通して行う保育

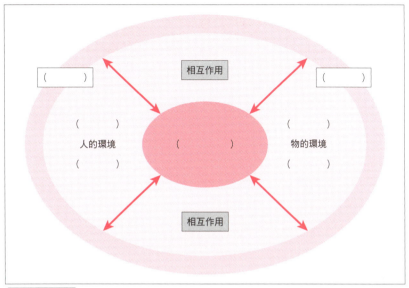

キーワード（例）　子ども、保育士、友だち、施設、遊具、自然、社会の事象　など

図表8-2 講義中心の教育（授業）

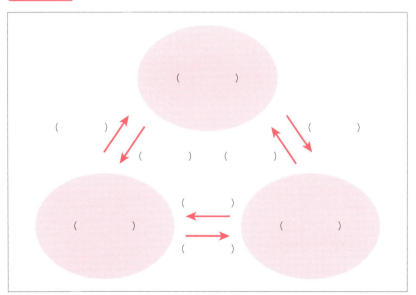

キーワード（例）　教師、教材（教育内容）、子ども、教材研究する、指導方法の提供、教える、習う、習得する、情報を与える　など

演習 2　人的環境としての保育士・教師の役割を具体的に考えて、説明してみよう

課題

① 保育士の役割を支える6つの知識・技術を理解し、具体的な姿を考えて説明する。

② 人的環境としての教師の役割について理解し、具体的な姿を考えて説明する。

進め方

（1）準備するもの

① 保育指針、保育所保育指針解説

② 幼稚園教育要領、幼稚園教育要領解説

③ **図表 8-3**「保育士の役割」、**図表 8-4**「教師の役割」

④ **図表 8-5**「実際の保育場面を想定した保育士・教師の役割」

（2）方法

① 保育指針「第1章　総則」を読み、下記にあげた保育士の役割を支える6つの知識・技術の内容を自分なりに考えて、**図表 8-3**に書いていく。

② 幼稚園教育要領「第1章第4　指導計画の作成と幼児理解に基づいた評価」の

図表8-3　保育士の役割

6つの知識および技術	自分なりに考えた内容
① 発達を援助する知識および技術	
② 生活援助の知識および技術	
③ 環境を構成する知識および技術	
④ 遊びを豊かに展開していくための知識および技術	
⑤ 関係構築の知識および技術	
⑥ 相談・助言に関する知識および技術	

Step1 | **Step2 プラクティス** | Step3

「3　指導計画の作成上の留意事項」の(7)を読み、**図表8−4**に教師の役割の内容を自分なりに考えて書いていく。

③　**図表8−5**に書かれた場面において、人的環境として保育士・教師の役割と考えられることを、実際の保育場面を想定しながら書き、グループで発表し合う。

図表8−4　教師の役割

教師の役割	自分なりに考えた内容
①　幼児が行っている活動の理解者	
②　幼児との共同作業者、幼児と共鳴する者	
③　憧れを形成するモデル、遊びの援助者	
④　幼児の遊びが深まっていかなかったり、課題を抱えたりしている時の援助者	
⑤　幼児が精神的に安定するためのよりどころ	

※実際の教師のかかわりの場面では、それぞれの役割が相互に関連するものであり、状況に応じた柔軟な対応をすることが大切となる。

図表8−5　実際の保育場面を想定した保育士・教師の役割

場　面	保育士・教師の役割
①　入園当初、不安や緊張でなかなか遊びがはじめられない。	
②　ある子どもが工作をはじめると、興味をもった友だちが増え、場が狭くなった。	
③　園庭には自然物がたくさんあるが、あまり遊びに使っていない。	
④　大型積み木を使って、一人ひとりが違ったイメージで遊んでいる。	
⑤　基地をつくっていた子どもたちが「明日もやろう」と約束している。	

第8講　環境を通して行う保育

Step3

幼稚園教育要領、幼保連携型認定こども園教育・保育要領における環境を通して行う教育および保育

　幼稚園教育要領も幼保連携型認定こども園教育・保育要領（以下、教育・保育要領）も、保育は「環境を通して行う」という基本的な考え方は変わらない。しかし、用語には違いがみられる。「保育」が幼稚園教育要領では「教育」、教育・保育要領では「教育及び保育」となる。同様に「保育士」が幼稚園教育要領では「教師」、教育・保育要領では「保育教諭」となる。また、「子ども」が幼稚園教育要領では「幼児」、教育・保育要領では「園児」となる。以下、幼稚園教育要領をもとに記述するが、教育・保育要領も同様の考え方である。

幼稚園教育要領における環境を通して行う教育

① 　環境を通して行う教育

　幼稚園教育要領第1章（総則）の「第1　幼稚園教育の基本」では、「幼児期の教育は、生涯にわたる人格形成の基礎を培う重要なものであり、幼稚園教育は、学校教育法に規定する目的及び目標を達成するため、幼児期の特性を踏まえ、<u>環境を通して行うものであることを基本とする</u>」（下線は筆者）と述べられている。

　幼児期は心身の発達が著しく、環境からの影響を大きく受ける時期であり、適切な環境とのかかわりが重要である。幼児期の教育においては、生活を通して幼児が周囲に存在するあらゆる環境からの刺激を受け止め、自分から興味をもって環境にかかわることによってさまざまな活動を展開し、充実感や満足感を味わうという体験が大切になる。

　また、環境を通して行う教育は、幼児との生活を大切にした教育である。幼児は、教師とともに生活するなかで、物や人などのさまざまな環境と出会い、それらとのふさわしいかかわり方を身につけていく。幼稚園教育要領解説をもとに、その特質をまとめると以下のようになる。

- 幼児が自ら心身を用いて対象にかかわっていくことで、対象、対象とのかかわり方、さらに対象とかかわる自分自身について学んでいく。
- 幼児が自分から興味をもってかかわることができるとともに意味のある体験ができるような対象を配置することにより、幼児のかかわりを通して、対象の潜在的な学びの価値を引き出すことができる。
- 教師のかかわりは基本的には間接的なものとしつつ、長い目では幼児期に幼児が学ぶべきことを学ぶことができるように援助していく。また、幼児の遊びを大切にし、時間をかけ

> ・て取り組めるようにする。
> ・教師自身も環境の一部であることを自覚し、モデルとして物的環境へのかかわりを示すことで、充実した環境とのかかわりが生まれてくる。

② 計画的な環境の構成

また、同じく第1章（総則）で「幼児の主体的な活動が確保されるよう幼児一人一人の行動の理解と予想に基づき、<u>計画的に環境を構成</u>しなければならない。この場合において、教師は、幼児と人やものとの関わりが重要であることを踏まえ、教材を工夫し、物的・空間的環境を構成しなければならない」（下線は筆者）としている。

環境を通して行う教育は、教師主導の一方的な教育の展開や幼児が1つひとつの活動を効率よく進めるようになることをめざすのではない。また、幼児をただ遊ばせておく放任教育でもない。活動の主体は幼児であり、教師は活動が生まれやすく、展開しやすいように意図をもって環境を構成していく。教師は、日々幼児の生活する姿をとらえ、幼児の生活や発達を見通して計画的に環境を構成することが大切となる。いわば、幼児の主体性と教師の意図がバランスよく絡み合ってはじめて成り立つのが環境を通して行う教育である。幼稚園教育要領解説をもとに、その実現のために大切なポイントについてまとめると、以下のようになる。

> ・幼児が主体的に活動を行うため、その時期の幼児の環境の受け止め方や環境へのかかわり方、興味や関心のあり方や方向、1日の生活の送り方などを理解し、そこから幼児一人ひとりにとって必要な経験を考え、適切な環境を構成する。
> ・幼児が活動に没頭し、遊び、充実感や満足感を味わっていくためには幼児の活動が精選されるような環境を構成しなければならない。そのためには、幼児が本当にやりたい活動を選び取り、発達に必要な体験が豊かに得られるようにすることが大切である。教師は、新しい事物を出したり、かかわりを増やしたりしていくだけではなく、その活動に不要なものやかかわりを整理し、取り去ったり、しばらくそのままにして見守ったりすることも必要である。
> ・幼児の興味や関心のあり方、環境へのかかわり方、発達の実情などを理解したうえで、活動にじっくりと取り組むことができるだけの時間、空間、遊具などの確保に努め、教師自身が活動に参加し興味や関心を共有するなど、活動への取り組みを深めることが重要となる。

参考文献
- 平山許江『幼児教育 知の探究17 領域研究の現在＜環境＞』萌文書林，2013.
- 厚生労働省編『保育所保育指針解説』フレーベル館，2018.
- 文部科学省『幼稚園教育要領解説』フレーベル館，2018.

COLUMN　環境を通して行う保育

　「環境を通して行う保育」を実感できるのは、やはり生(なま)の保育現場で学ぶ実習であろう。

　例えば、「人的環境」として子どもを受け止め育ちを支えている保育士、「物的環境」として室内や園庭にある物の種類や配置、「場」としての園全体の雰囲気など、気づいたこと、考えたことを実習日誌に文章や環境図などで書き留め、振り返り、学びを深めたい。

　しかしながら、実習生が指導案を書いて行うのは「手遊び」「リズム体操」といったような、一斉保育型の内容が中心になっているかもしれない。これでは、保育の一部を任されているにすぎない。ここで終わらず、手遊びを、ただ子どもを楽しませるためではなく、季節にあったものにする、絵本に出てきた内容を基に子どもたちがごっこ遊びを始める姿を援助する、リズム体操に興味をもった子が、自分たちで音楽を鳴らして踊ることができるように設定するなど、できるだけ環境を通して行う保育をめざして、いろいろチャレンジしてみてほしい。

（開　仁志）

第9講

生活や遊びによる総合的な保育

本講では、生活や遊びによる総合的な保育について考える際に、Step1では、乳幼児期の学びとしての遊び、乳幼児期の遊びの特徴について解説し、Step2では、保育内容における遊びとはどのようなものか、保育の場で展開される遊びについて事例を用いて演習形式で学ぶ。そして、Step3では、子どもの楽しい遊びを展開するために必要なことについて学ぶ。

Step 1

1. 乳幼児期の学びとしての遊び

保育所保育指針における遊び

　第1章（総則）の「1　保育所保育に関する基本原則」の「(3)　保育の方法」には、「子どもが自発的・意欲的に関われるような環境を構成し、子どもの主体的な活動や子ども相互の関わりを大切にすること。特に、乳幼児期にふさわしい体験が得られるように、生活や遊びを通して総合的に保育すること」と明記され、第2章（保育の内容）においても日常の生活のなかでの遊びの必要性が述べられている。また、養護と教育が関連し遊びを通して総合的に保育することの重要性が示され、保育者には子どもが心から楽しいと思って遊べる環境を整え、乳幼児期にふさわしい経験ができるよう一人ひとりに合わせた援助をしていくことが求められている。

遊びの必要性

　大人と乳幼児期の子どもでは、遊びの意味が異なる。大人にとっての遊びは趣味や娯楽、気晴らしであったりするが、乳幼児期は生活そのものが遊びである。大人からすれば、一見、子どもはただ単純に遊んでいるだけのようにみえるが、成長にとって欠かせないさまざまな経験をしている。

　河邉は以下のように述べている[1]。

　　「子どもにとってもっとも必要なのは
　　　・周囲の大人から愛されている経験
　　　・心身ともに、自由にモノや人にかかわる経験
　　　・心を揺り動かされる直接体験に出会える経験
　　　・自分の思いを表現することの喜びを味わう経験
　　　・他者とのかかわりを通して人とかかわる喜びを味わう経験
　　ということであるだろう。」

　これらは身近な人や環境にかかわることによって生み出される遊びを通して得られる経験である。「やってみたい」「おもしろそう」という欲求や興味関心から出発し、遊びを通して相手の気持ちに気づいたり、物事の意味を考えたりしながら多くのことを学んでいる。

　このように乳幼児期の子どもにとって、たくさん遊ぶことはこれから続く学びの

---

[1]　河邉貴子『遊びを中心とした保育』萌文書林, p.161, 2005.

Step1 レクチャー

土台になっているのである。すなわち、乳幼児期の遊びとは、生きるために必要な力の基礎を獲得するための重要な営みであるといえよう。保育における遊びの必要性が強調されるのはこのためである。

学びとしての遊び

4歳児のA子がブランコに乗っていた。そこにB子が来て「私も乗りたい、貸して」と言った。たいてい大人は、トラブルにならないよう配慮をし、友だちに素直に譲ったり、順番、交代を教えるよい機会だと考え、「貸してあげなさい」と声をかけるであろう。このように大人にとって子どもが学ぶということは、大人が教え学ばせることと考えがちである。しかし、A子自身が「自分より小さいから貸してあげよう」と相手の気持ちに気づいたり、「今乗ったばかりだから、もう少したったら代わろうかな」と順番や交代することの必要性に気づいたとき、ブランコ遊びで、お互いが気持ちよく過ごすためにはどのように行動すればよいかということを学んだことにもなる。このように、子どもにとって学ぶということは、遊びを通じて自らが主体的に学ぶことである。遊びのなかで自然に発生するトラブルや葛藤を、大人だけの思いで回避することは、子ども自らの学びにはならない。では、大人は、子ども自らの学びには何ら関係がないのであろうか。

5歳児のA男とB男が、園庭から保育室に戻るときに花壇の縁を歩いていた。A男がふざけてB男を引っぱって落とし、先に保育室に戻ろうとしたらしい。ふだんから仲がよい2人だが、トラブルになった。保育者が仲介し、A男がB男に謝り、B男も「いいよ」と解決していた。しかしA男の気持ちは収まっていないようで、保育室の様子を気にしながら花壇の縁を行ったり来たりしている。保育者はいっしょに花壇の縁を歩きながら、「B男が『先にお部屋で帰りの支度して待ってるよ』って言ってたよ」とA男に伝えた。A男はうなずいたが、しばらくそのまま歩いていた。A男は、自分が悪かったと思っているがそれを受け入れられずにいたのであろう。保育者はA男のこころの揺れに、ていねいに寄り添っていた。その後A男は、突然保育室に走って戻った。このように、子どもは、トラブルや葛藤を保育者に支えられ、試行錯誤しながら自ら乗り越えていく。

遊びも学びも、子どもが遊ぶだけでも保育者がはたらきかけるだけでも成り立たない。子どものこころの動きをとらえ理解し、困ったときには一緒に考え、ときには温かいまなざしで見守るというような、きめ細やかな配慮や援助が必要である。学びとしての遊びは、子ども自らの力と保育者の支えによって豊かなものになる。

第9講 生活や遊びによる総合的な保育

2. 乳幼児期の遊びの特徴

生活に密着した遊び

　乳幼児期の子どもの遊びは、大人との信頼関係をもとに、安心して遊べる環境のなかで「やってみたい」「おもしろそう」という子どものこころが動いたときからはじまる。

　遊びというと、ままごと、電車ごっこ、ドッジボールのように名前のある遊びを思い浮かべることが多いであろう。しかし、生活そのものが遊びであるととらえるのであれば、大人からみると思わず「やめて……」と言いたくなるような、ティッシュペーパーを箱から出すという行為も子どもにとっては手や指を使って「つかんで中から出す」という遊びである。さらに、手、指の機能が発達する1歳を過ぎるころになると、積木を持って、積んだり並べたり箱につめたりする姿がみられ、3歳を過ぎると巧みに積木を扱えるようになり、いろいろな遊具と組み合せて線路やお家をつくるようになる。それを使って、友だちと一緒に会話をしながら電車を動かしたり、ごっこ遊びを楽しむようになる。「積み木を持つ」→「積み木を高く積む」→「積み木でイメージしたものをつくる」→「つくったもので、友だちと一緒に遊ぶ」→「互いを認めながら遊びを楽しむ」というような遊びの変化がみられる。

　このように名前のない遊びが繰り返され、子どもが楽しさやおもしろさを経験し、次第に目的や意図をもった名前のある遊びに変化して広がっていく。すなわち、乳幼児期の遊びとは、生活に密着した遊びであることはいうまでもない。そして興味、関心からはじまる直接体験の積み重ねと人とのかかわりを通して、乳幼児期の子どもの生活と同様に、連続性をもち発達に応じて変化していく。

5領域の観点からみた遊び

　水族館に遠足に行った次の日、子どもたちは身近な素材を使って魚やカニ等をつくりはじめた。保育者が水槽に見立てビニールシートをその場に準備すると、A男は、「水族館やって、お客さんを呼ぼう」と入場券をつくりはじめた。B子は、「イルカショーのお姉さんやりたい」と言い、C子にイルカをやってくれるよう頼んでいる。C子が「私もお姉さんがいいよ」とちょっと困った様子をみせると、D男が「じゃあ、イルカやってやろうか。俺、まだ何やるか決まってないし」と言い、イルカのお面をつくりジャンプの練習をはじめた。しばらくすると、水族館ごっこがはじまった。

Step1 レクチャー

図表9-1 遊びの記録シート

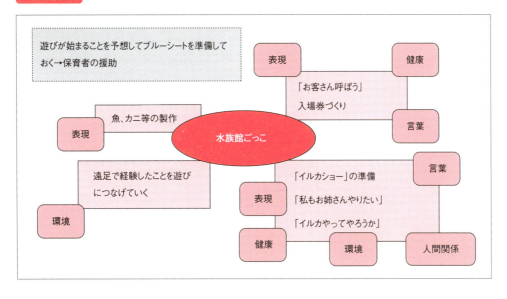

　水族館ごっこにおける遊びの内容を記録シートに記した（**図表9-1**）。遊びのなかで経験したことを5領域の視点からみると、さまざまな活動に親しみ進んでからだを動かし充実感を味わうことは「健康」の領域に含まれている。身近にある素材を使って自由に描いたりつくったりし、それを遊びに使うことや、イメージしたものになりきって動くことは「表現」に含まれている。経験してきたことを思い出し、イメージを出し合いながら友だちと一緒につくり上げることを楽しむことは「環境」「人間関係」に含まれ、相手の思っていることに気づき、自分の思っていることを言葉で伝えるということは「人間関係」「言葉」の領域に含まれている。

　はじめから完成された遊びのかたちが決まっているわけではなく、子どもそれぞれがもつイメージを出し合い相互にかかわり合いながら意欲をもち、遊びが展開されていく。そしてさらに遊びは広がり、おもしろく複雑になっていく。そこには5つの領域のねらいや内容がすべて含まれているとは限らないが、周囲の環境にはたらきかけ遊びを通して多様な経験をし、そのなかで領域のさまざまな側面が相互にかかわりながら総合的に遊びが展開されていく。つまり、乳幼児期は学校のように教科に分けて学習するのではなく、総合的な活動を通して学ぶのである。その場が保育所や幼稚園である。

　そして、保育者は一方的に遊びを投げかけるのではなく、保育内容をよく理解したうえで、子ども一人ひとりの発達に応じた学びが得られるよう、指導を計画することが必要である。

Step 2

演習1 子どもになりきって遊び、遊びのなかで経験する内容を理解しよう

課題

① 乳幼児期の子どもが好きな遊びを楽しみ、遊びのおもしろさに気づく。
② 乳幼児期の子ども遊びの連続性や変化について考える。
③ 保育所保育指針第2章（保育の内容）の「ねらい及び内容」を参考にしながら、遊びのなかで経験する内容について考える。

進め方

（1）準備するもの

柔らかめのボール、ドッジボールのボール、遊びの記録シート（**図表9−2**）

（2）方法

① 小グループになって、柔らかめのボールを使って乳幼児期の子どもが楽しめる遊び（名のない遊び）を考えて実際に試してみる。

　感触を味わう、転がす、転がってきたボールを止める、転がっていくボールを追う、投げる、つかむ、蹴る、逃げる、高い所にあるボールにタッチするなど、思いつく限り考えてみよう。「こんなことが……」と思うことが意外とおもしろかったり、夢中になってできることがあったのではないか。このような気づきが大切である。

② 実際に試してみて、気づいたことや感じたことをグループで話し合う。また、ボールを使った遊びが、人とのかかわりや発達に応じてどのように変化していくのか考え、まとめてみよう。

③ 外に出て、みんなでドッジボールをして遊ぶ。

　動きやすい服装で、外に出てみよう。そして子どもになったつもりで思い切りドッジボールを楽しんでみよう。

④ 個人で、どのようなことをしたか、感じたことを短い文で書いてみる。

　友だちと一緒だったか、それとも1人か、何を楽しんでいたのか、何が嫌だったのかなど、小さなことにも目を向けて、自分の行動や感じたことを振り返り、できる限り思い出してみよう。

⑤ グループに分かれ、自分の書いたことをもとに遊びを通してどのような経験を

Step2 プラクティス

図表9-2　遊びの記録シート（例）

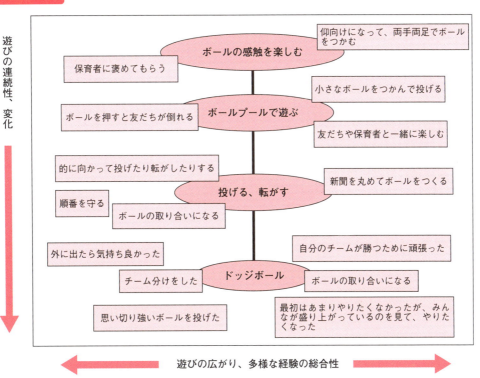

しているのか話し合ってみる。
・思い切りからだを動かす経験
・ルールを守って遊びを楽しむ経験
・他者とかかわる経験
・こころが動かされた経験等

実際に子どもの立場になって遊ぶことで、子どもが経験している内容に気づき、遊びのおもしろさや奥の深さを感じとることができたのではないか。

遊びの記録シートからは、遊びの連続性や変化、遊びが広がって複雑になり、さまざまな経験が相互にかかわっていることがわかる。

発展として、これらの経験した内容を5領域の視点で考えてみよう。

演習2　事例を通して子どもの思いや、保育者の役割を考えてみよう

課題

① 子どもの経験したことからその子の思いに気づく。
② 子どもに対する保育者の思いに気づく。
③ 保育者の配慮や援助の仕方を考え、遊びがどのように変化していくのか予想してみる。

事例

　4歳児のＡ男、Ｂ男、Ｃ男の3人は保育室にある大型積み木で基地や船をつくって遊ぶ日が続いていた。早く登園したＡ男はＢ男とＣ男を待っているようで、製作コーナーで空き箱を使ってロボットづくりをはじめた。登園してきたＢ男は、Ａ男の隣の机で七夕のために用意してあった短冊をつくりはじめた。遅れてきたＣ男も短冊づくりに合流した。Ａ男のロボットができあがったため、保育者はできあがった短冊を見せ誘ったが、興味を示さなかった。Ａ男はロボットを手に持ち、保育室を意味もなく歩きまわったり、ほかの遊びをのぞいたりした後、大型積み木の上に座っていた。保育者はＡ男に「かっこいいロボットだね。どこかでお仕事するの？」と声をかけながら、大型積み木を並べはじめた。「そう、ロケットで宇宙船に合体して……」とＡ男がイメージしていることを話しはじめた。「じゃあ、宇宙船があるといいんじゃない」と保育者が伝えると、「いいね」と言って保育者と2人で宇宙船をつくりはじめた。そこにＢ男とＣ男が来て遊びに加わった。保育者は表情のよくなったＡ男を見届けて短冊づくりに戻ったが、大型積み木を使っての宇宙船は大きく広がり、遊びは続いていた。

進め方

（1）準備する物

　記録シート（図表9-3）

（2）方法

　事例を読んで遊びの場面を想像する。

① Ａ男の気持ちについて考える。
　Ｂ男とＣ男が、短冊づくりをはじめてしまったときのＡ男の気持ちはどのようであったのか想像してみよう。保育者に短冊づくりに誘われたときの気持ちはど

うであったかなど、A男が経験したことについて考え、記録シートに記入してみよう。
② 保育者の思いについて考える。
　A男に対しての言葉がけやかかわりを整理し、そのときの保育者の願いや思いについても考え、記録シートに記入してみよう。
③ 数人のグループに分かれて、記入した内容について話し合ってみる。
　正解を求めるのではなく、できるだけ多く予想してさまざまな子どもの気持ちや、保育者の思いに気づくことが大切である。
④ 保育者の配慮や援助によって、A男の気持ちや遊びがどのように変化していったのか数人のグループで話し合って、まとめてみる。

図表9-3 記録シート（例）

A男が経験したこと	A男の予想される思いやこころの動き
製作コーナーで空き箱を使ってロボットづくりをはじめる。	B男とC男、早く来ないかな。今日も一緒に大型積み木で遊びたいな。
隣の机でB男が短冊づくりをはじめた。	えっ、何でそっち？　僕と一緒に遊ぼうよ。
C男も短冊づくりをはじめた。	何で？　何だか悲しい気持ちになってきた。
先生に、短冊づくりに誘われた。	僕もやってみようかな……。 違うんだよ、そうじゃないんだ。

保育者の配慮や援助	そのときの思いや願い
1人で製作コーナーにいるA男を見守る。	B男とC男を待っていたのに、2人は短冊づくりをはじめたけど、A男はこれからどうするのかな。とりあえずロボットができあがるまで様子をみよう。
短冊づくりに誘ってみる。	1人でつまらなさそうだな。B男、C男と一緒に短冊をつくってみたらどうかな。

Step3

> 楽しい遊びを展開するために

　昼食前、3歳児の子どもたちが水道で手を洗っている。いつの間にか子ども同士で石けんの泡を付け合い、水で洗い流すことを繰り返し楽しむ遊びがはじまる。保育者は、この遊びから昼食に向けて、子どもたちにどのように準備をうながすか悩む場面かもしれない。しかし、遊びは生活と密着している。乳幼児期の保育は、遊びを中心とした生活を通して、子どもと保育者が相互にかかわり合いながら総合的に行うものである。ここでは、楽しい遊びを展開するために必要なことについて考えていく。

生活のなかから遊びをていねいにとらえる

　水道でコップに水を入れようとしたとき、なみなみと入った水の表面がふくらみ、ゆらゆらと揺れているのを不思議そうに見ている子どもがいる。さらに水を足したり止めたりして、こぼれる瞬間、ふくらむ瞬間をじっと見つめている。保育者が通りすがりに、「お水がもったいないから、止めてね」とだけ声をかければ、この子どもの興味は終わってしまうかもしれない。しかし、一緒におもしろがったり、やってみたりすることで、興味が広がり、大きな気づきや学びにつながることにもなる。このように、偶然や、興味、関心、好奇心等から自然発生する子どもの気づきや遊びは多々ある。一方で、毎年経験する行事や活動においても、子どもの興味、関心、好奇心は限りなく広がっていく。生活発表会では、みんなの前で役になりきって自分を表現し楽しむことを目的にしていたが、準備の過程で台本や道具、衣装を作ることに面白さを感じるようになり、以後演出にも興味をもち、映画づくりに遊びが変化していく。また、サツマイモを育て観察し、収穫、料理をして食べるという一連のなかで、土の中の生き物に興味をもったことから幼虫について詳しく調べ、発表する等、保育者が意図や願いをもって整えた環境とは異なる場で遊びが展開されることもある。なかには、これが遊び？　と思うようなこともあるかもしれない。しかし、日々の生活を大切にしながら、子どもとともに過ごし、子どもの興味や関心、行動、意識していることを多面的にとらえることで、遊びの入り口が見えてくる。そして、共感的に受け止めることこそが、楽しい遊びを展開するための出発点となる。乳幼児期の保育は、ねらいや目的、行事等に追われて行うのではなく、日々、子どもとともにていねいに生活を送り、積み重ねていくことが最も重要である。

遊びを通して生活に見通しをもつ

「今日も楽しかったね。そろそろ片づけようか」「明日もまた続き一緒にやろうね」これらは、ある園での5歳児の会話である。保育者として子どもが満足し、充実した姿を見ることはひときわうれしいものである。このように、遊びの延長としての片づけは、次の活動の切り替えの場面であり、翌日の遊びにつながる。

3歳児は遊びの興味が広がるため、そのつど保育者が様子をみながら遊具を戻し、率先して片づけることが多い。また、「お引越しお願いします」等声をかけ、楽しみながら片づけられるよう援助する。4歳児では子どもだけで片づけが進む場合もあるが、「もっと遊びたい」「片づけきらい」という子どもの姿もみられるため、保育者は次の楽しい活動への期待や、片づける必要性を伝えながら一緒に取り組む必要がある。5歳児では、保育者が生活のなかで次の活動や明日の予定を伝え、子どもたちで時計を確認したり考えたりしながら折り合いをつけ、自分たちで遊びに区切りがつけられるよう援助する。年齢によって片づけに取り組む子どもの姿や保育者の援助に違いがみられるように、子どもの発達やその時々の状況に応じた援助が必要であることはいうまでもない。子どもが遊びを通して生活に見通しをもつ力を身につけ、園生活を進められるよう生活のなかで場面をとらえ、繰り返していねいに援助することが望ましい。また、保育者が子どもたちとの遊びや生活をどのように進めていくかを意識し、その姿勢が子どもたちに伝わることを忘れてはならない。

子どもの思いと保育者の思い

子どもと保育者が相互にかかわり合い、保育が営まれる。**Step 2**の**演習2**にある大型積み木の事例から、保育の営みのなかには子どもと保育者の思いがあることに気づいたであろう。子どもの思いと保育者の思いや願いが調和したときに、子どもの成長をうながす豊かな遊びが生まれ、子どもの力が発揮されるのである。一人ひとりの子どもの思いや、心の動きに寄り添うことは容易なことではないが、それぞれの思いを受け入れながら、遊びへと発展していく援助が求められる。そして、遊びを中心とした生活のなかで子どもとかかわって過ごすことの幸せを感じながら、子どもと相互に学び、育ち合い、心をつくして日々の保育を営むことが、子どもと楽しい遊びを展開することにつながる。

参考文献

- 厚生労働省編『保育所保育指針解説』フレーベル館，2018.
- 文部科学省『幼稚園教育要領解説』フレーベル館，2018.
- 河邉貴子『保育記録の機能と役割』聖公会出版，2013.
- 佐伯胖『幼児教育へのいざない』東京大学出版会，2001.
- 鯨岡峻・鯨岡和子『エピソード記述で保育を描く』ミネルヴァ書房，2009.
- 髙嶋景子・砂上史子ほか編『子ども理解と援助』ミネルヴァ書房，2011.
- 園と家庭を結ぶ「げんき」編集部編『乳児の発達と保育——遊びと育児』エイデル研究所，2011.
- 高山静子『環境構成の理論と実践——保育の専門性に基づいて』エイデル研究所，2014.

COLUMN 子どもと一緒に遊ぶ……

　園庭にいる子どもに、「なぜ遊んでいるの?」と聞くと「おもしろいから」「遊びたいから」という答えがすぐさま笑顔で返ってきます。では、大人はどうでしょう。

　保育のなかで、遊びを豊かに展開するための援助や指導ができることは、保育者にとって重要な専門性であることはいうまでもありません。しかし、周囲の評価が気になり、失敗することや上手くできないことを恐れ、難しい顔をしていませんか? それよりも子どもは、開放感あふれる雰囲気のなかで大らかに心から遊びを楽しむ大人の姿に興味を抱くに違いありません。そして、大人の失敗を否定することなくおもしろいと感じ、ありのままの姿を受けとめてくれるでしょう。

　質の高い保育を支えるために、子どもと一緒に遊ぶことは必要不可欠です。

　では、どう遊ぶか。気がついたときには何も考えず夢中になって子どもと遊んでいた……という答えがあってもよいのではないでしょうか。

（綾野鈴子）

第10講

個と集団の発達をふまえた保育

　心身の発達が著しい乳幼児期、子どもたちは身近な大人たちの庇護のもと基本的な信頼関係を築き、次第に周りにいるほかの子どもたちとの関係を構築していく。子どもたちにとって保育所等での生活は同年代の子どもたちと集団生活をする場という重要な意味合いももっている。

　そこで本講では、保育所等における子ども一人ひとりの育ち、さらには友だち同士との集団での育ちについて学ぶ。

Step 1

1. 個と集団の発達

　本来、保育所は「保育を必要とする」子どもを日中保育する児童福祉施設であるが、幼稚園と同様に同世代の子どもとの集団生活を営む場という重要な側面ももっている。同世代の子どもたちとかかわり合い、ときには協力して活動に取り組むなどさまざまな経験をし、その生活のなかでほかの子どもたちといっしょに生活する楽しさを味わいながら、主体性や社会的な態度を身につけていくものである。

　保育所保育指針（以下、保育指針）において、その保育の方法として「子どもの発達について理解し、一人一人の発達過程に応じて保育すること」とあり、子どもの発達を身体的発達に関する視点、社会的発達に関する視点および精神的発達に関する視点からとらえなければならない。

　乳幼児期は、身近にいる大人との良好な関係を基盤とし「個としての発達」をうながし、さらにしだいに周りにいる友だちともよりよい関係性をつくり上げ「集団としての発達」を築き、人間として成長していくものである。

　子どもの育ちを考えるときに、一人ひとりの個の育ち（豊かな心情、意欲、態度等）を大切にしながらも、集団としての育ちも重要である。個の育ちと集団の育ちというとそれぞれ別々に考えがちではあるが、それぞれは相反するものではなく、個の成長が集団の成長にかかわり、集団における活動が個の成長をうながすといった深い関連性がみられ、そのことに十分に配慮しながら保育を行うことが大切である。その際、子どもの成長・発達について継続的に記録をとり、実際の子どもの姿や言動などから学び、保育に生かしていくことが必要である。

2. 発達過程と保育内容

発達過程

　保育所保育指針解説において、「保育所保育指針においては、子どもの発達を、環境との相互作用を通して資質・能力が育まれていく過程として捉えている。すなわち、ある時点で何かが「できる、できない」といったことで発達を見ようとする画一的な捉え方ではなく、それぞれの子どもの育ちゆく過程の全体を大切にしようとする考え方である」とあり、その過程を発達過程として記している。この過程は、子どもの均一的な発達基準ではなく、一人ひとりの子どもの発達過程としてとらえるものである。現在の保育指針では、乳児期、1歳以上3歳未満児、3歳以上児と

いう区切りを示している。

　さらに保育指針では、その内容のところどころに「子どもの発達過程に応じた保育が必要である」ことが記されており、子どもの育つ道筋やその特徴をふまえ、発達の個人差に留意するとともに、個別にていねいに対応していくことが重要である。そこで、本章では、1965（昭和40）年から2008（平成20）年の保育指針（以下、旧指針）における発達過程を参考にし、個別的かつ長期的視野をもって子ども一人ひとりの育ちを援助していくことを考えていく。

　旧指針においては、8つの発達過程に区分され、以下にあげる発達過程①～②はおおよそ乳児期として、発達過程③～④は3歳未満、発達過程⑤～⑧は3歳以上の発達として参考にされたい。

① おおむね6か月未満（著しい発達、特定の大人との間の情緒的な絆）
② おおむね6か月から1歳3か月未満（運動機能の発達─座るから歩くへ、活発な探索活動、愛着と人見知り、言葉の芽生え、離乳の開始）
③ おおむね1歳3か月から2歳未満（行動範囲の拡大、象徴機能と言葉の習得、周囲の人への興味・関心）
④ おおむね2歳（基本的な運動機能、言葉を使うことの喜び、自己主張）
⑤ おおむね3歳（運動機能の高まり、基本的生活習慣の形成、言葉の発達、友だちとのかかわり、ごっこ遊びと社会性の発達）
⑥ おおむね4歳（全身のバランス、身近な環境へのかかわり、想像力の広がり、葛藤の経験、自己主張と他者の受容）
⑦ おおむね5歳（基本的生活習慣の確立、運動能力の高まり、目的のある集団行動、思考力の芽生え、仲間のなかの一人としての自覚）
⑧ おおむね6歳（巧みな全身運動、自主と協調の態度、思考力と自立心の高まり）

　発達過程区分に「おおむね」という語句があるが、これは、すべての子どもが必ずこの年（月）齢に見合う育ち（発達）をするとは限らないということである。例えば、それぞれの区分に要する期間が長かったり、短かったり、または1つ前の区分に戻ってしまったりすることも十分にありえるものである。

発達過程と人とのかかわり

　子どもの発達と人とのかかわりの関係をみてみると、出生直後は、養護的な側面が強く、身近な大人の庇護のもと、安定した生活が送られ、そのなかで子どもの個の育ちがうながされていく。1歳3か月～2歳ごろになると、徐々に友だちや周囲の人への興味関心が高まり、ほかの子どもたちへのかかわりも多くなる。2歳、3

歳を経て、4歳ごろには、自分と他人との区分がはっきりとわかるようになり、自意識が芽生えはじめる。そのなかで、ときには自分の思ったとおりにいかない不安やつらさといった葛藤も経験し、そのこころのゆらぎのなかで子どもの育ちが進んでいくものである。さらに、そのような気持ちを周りの大人に共感してもらったり、励まされたりすることを重ねながら、次第に友だちや身近な人の気持ちを理解していくものである。

　子ども同士の遊びが豊かに展開されていくと、仲間といることの喜びや楽しさをより感じるようになり、ときには自己主張をぶつけ合ったり、相手の主張を受け入れたりするなかで、他者と協調して生活していくという、人が生きていくうえで大切なことを学んでいくのである。5歳ごろになると、友だちとの共通のイメージをもって遊んだり、目的に向かって集団で行動したりするようになってくる。このように子どもの育ちは、年齢とともに個の育ちの側面から集団での育ちの側面の割合が多くなっていくものである。

発達過程に応じた保育内容・指導計画

　保育指針の第1章（総則）の「3　保育の計画及び評価」では、指導計画を作成するうえで留意すべき事項として、発達過程に応じた保育があげられている。それは「(ア)　3歳未満児については、一人一人の子どもの生育歴、心身の発達、活動の実態等に即して、個別的な計画を作成すること」「(イ)　3歳以上児については、個の成長と、子ども相互の関係や協同的な活動が促されるよう配慮すること」「(ウ)　異年齢で構成される組やグループでの保育においては、一人一人の子どもの生活や経験、発達過程などを把握し、適切な援助や環境構成ができるよう配慮すること」である。

① 3歳未満児の指導計画

　3歳未満児は、特に心身の発育・発達が顕著な時期であると同時にその個人差も大きいため、一人ひとりの子どもの状態に即した保育が展開できるよう個別の指導計画を作成する必要がある。保育にたずさわるさまざまな大人たち（複数担任、栄養士、調理師、看護師等）の緊密な協力体制のもと、一人ひとりの育ちを大切にしていかなければならない。また、保育所という集団生活のなかで、一人ひとりの個人差にどれだけ対応できるかが重要な課題である。

② 3歳以上児の指導計画

　3歳以上児の指導計画は、クラスやグループなどの集団生活での計画が中心となる。ここでは、個を大切にする保育を基盤としながら、子どもが集団において

安心して自己を発揮し、友だちとのさまざまなかかわりをもち、いっしょに活動する楽しさを味わい、共同して遊びを展開することにより仲間意識を高めていく。3歳以上児の指導計画においては、一人ひとりの子どもの主体性が重視されてこそ集団の育ちがある点を十分に理解しなくてはならない。

保育の実施においては、第1章（総則）4に示す「(2) 幼児期の終わりまでに育ってほしい姿」が、活動全体を通して資質・能力が育まれている子どもの小学校就学時の具体的な姿であることをふまえ、適宜考慮することが必要である。

③ 異年齢の編成による保育の指導計画

保育所はさまざまな年齢の子どもたちがともに生活をするところである。その環境を生かし、異年齢編成での保育によって、自分より年上、年下の子どもたちと交流する体験をもつことで、同一年齢の保育では得られない諸側面の育ちが期待される。しかしながら、異年齢編成の場合は子どもの発達差が大きいため、個々の子どもの状態をしっかりと把握したうえで、計画を立てる配慮が必要である。子どもが負担感を感じることなく、子ども同士が自ら関係をつくり、遊びを展開していけるよう配慮が必要である。

保育現場における行事と子どもの発達

保育の指導計画を立てる際、「子どもの実態把握を基に、子どもの発達過程を見通し、養護と教育の視点から子どもが体験する内容を具体的に設定する」[*1]ことが大切である。また、「家庭生活との連続性や季節の変化、行事との関連性などを考慮して設定すること」「行事については、保育所と家庭での日常の生活に変化と潤いが持てるように、子どもの自主性を尊重し、日々の保育の流れに配慮した上で、ねらいと内容を考えること」が重要である。

保育現場において行事は、園としての式典（卒園式等）、安全に関する行事（防災訓練）、季節に応じた行事（遠足、お泊まり保育等）、子どもたちの育ちの発表の場（運動会、発表会、作品展等）などがあげられる。いずれにしても、ふだんの子どもたちの生活とかけ離れたものではなく、生活の延長線上に位置づけられる保育展開になるよう配慮すべきである。

---

*1 厚生労働省編『保育所保育指針解説』フレーベル館，2018.

Step 2

> **演習 1** 保育所における子どもの個の育ち、集団の育ちをどのようにとらえ、実際の保育にどのように展開していくか考えてみよう

課題

① 保育所保育指針（以下、保育指針）における個の育ちと集団の育ちとは何かをみつけ出してみる。
② 子どもの個の育ちと集団の育ちの関係性を考える。
③ 子どもの集団性の育ちを保障するために、保育士としてどのような援助・配慮が必要なのか、話し合う。

進め方

（1）準備するもの

図表10-1のように、保育指針に示されている発達過程の内容を、個の育ち・集団の育ちに分けたものを作表する。作表にあたっては、内容を簡潔に箇条書き等にし、個の育ちと集団の育ちが見比べられるようにする。

個の育ちであっても、集団の育ちに大きく関連する社会的発達の内容については、集団の育ちの欄に記入するとよい。

（2）方法

① 各自で保育指針第2章（保育の内容）に記載されている内容を、個の育ち、集団の育ちに分け、それぞれの区分に記入する。例えば、「おおむね6か月未満」では、個の育ちとして、「寝がえり、おすわり、はいはい、つかまり立ち、伝い歩き」「離乳を進めていく」などがあげられ、集団の育ちとしては受動的・応答的なかかわりのもとで、何かを伝えようとする意欲や身近な大人との信頼関係が育つなどである。
② 作表後、個の育ちと集団の育ちとの関係性を考え、それぞれの発達過程において一人ひとりの子どもたちにどのような援助が必要なのかを考察する。考察した結果をグループなどで発表およびディスカッションを行い、保育者としてのかかわり・援助が実際の保育現場にてどのように行われているかを考える。

Step1 | **Step2 プラクティス** | Step3

図表10-1 発達過程における個の育ちと集団の育ち

発達過程		個の発達	集団の発達
乳児期	おおむね 6か月未満	（記入例） ・首がすわり、手足の動きが活発になる。 ・寝返り、腹ばいなど全身の動きが活発になる。 ・視覚、聴覚などの感覚の発達はめざましく、泣く、笑うなどの表情の変化や体の動き、喃語（なんご）などで自分の欲求を表現する。	（記入例） ・自分の欲求の表現に応答的にかかわる。特定の大人との間に情緒的な絆が形成される。
	おおむね 6か月から 1歳3か月未満		
1歳以上3歳未満児	おおむね 1歳3か月から 2歳未満		
	おおむね2歳		
3歳以上児	おおむね3歳		
	おおむね4歳		
	おおむね5歳		
	おおむね6歳		
幼児期の終わりまでに育ってほしい力		・健康な心と体 ・自立心 ・思考力の芽生え ・自然とのかかわり・生命尊重 ・数量や図形、標識や文字などへの関心・感覚 ・豊かな感性と表現	・協同性 ・道徳性・規範意識の芽生え ・社会生活とのかかわり ・言葉による伝え合い

第10講 個と集団の発達をふまえた保育

演習 2　保育現場における行事のあり方について、事例を通して考察してみよう

課題

① 各保育所・幼稚園においてどのような行事があるだろうか。具体的な行事名をあげ、その行事の実施時期、その行事を通して育つ子どもの姿を考察する。
② 行事における保育者の援助・配慮のしかたを考察し、グループ等で発表する。

進め方

（1）準備するもの

　保育所・幼稚園での行事は何があるのか、いわゆる三大行事（運動会・発表会・製作展等）とそれ以外の季節の行事をいくつかあげ、**図表10-2** を参考に表に記入する。

（2）方法

① それぞれの行事について、実施が考えられる時期を想定し、さらにその行事を通して育つ子どもの姿を考察する。
② その行事における保育者の援助・配慮すべき事項は何かを考え、表に記入する。
③ 次にあげる事例を読み、行事と子どもの姿、保育者としての援助・配慮を再考し、作成した表の修正を検討する。その結果を、グループ等で発表しディスカッションを行う。

図表10-2　保育現場における行事

行事名	実施時期	子どもの育ち	保育者の援助・配慮
運動会			
発表会			
製作展			

Step2 プラクティス

事例

幼稚園に行きたくないA君

　幼稚園に通う4歳児のA君。性格はとても明るくからだを動かして遊ぶことが好きな活発な男の子。いつも園庭で走り回って楽しそうに遊ぶ姿がよくみられていた。幼稚園では9月の下旬に毎年運動会が開催され、夏休み明け頃から徐々に運動会へ向けての保育が展開されていた。A君も昨年3歳児クラスのときに体験した運動会を思い出し、日ごとに運動会参加への期待もふくらんできた。日ごろからからだを動かして遊ぶことの好きなA君は、参加する種目の練習にもとても一生懸命に取り組んで、めきめきと上手にできるようになってきている。

　1週間ほど経ったある日、A君が登園するときにぐずってなかなか母親から離れられない姿がみられた。その後、担任教諭に励まされ元気がないままではあったがクラスのなかに入っていくことができた。病気なども心配されたが特に症状もなく、まだまだ暑い日が続いている毎日であったので、夏の疲れでも出てきているのだろうと様子をみることとなった。その後もA君は本調子にならず、あまり元気のないまま数日が過ぎた。

　運動会まであと1週間という日に、また登園を渋っているA君。いろいろと話をしていくうちに、「幼稚園に行きたくない。前みたいにもっといっぱい遊びたい」という言葉がA君から出てきたのである。運動会自体は今でも楽しみにしているものの、開催が近づくにつれ、日ごろ楽しく遊んでいた時間も運動会の練習の時間となり、好きなことができなくなったストレスがだんだんと溜まってきたようである。

保育現場における行事における配慮事項

　全体的な計画・教育課程における大きな行事（運動会、発表会、製作展等）については、その実施や基本的ねらいは担任保育者のみで決定できるものではないが（多くの場合は設置者（園長や施設長）によって設定）、保育者はその基本的な方針を受け止め、それらの行事が子ども一人ひとりにとってどのような意味をもつのか、さらには長期的な視野でどのように生活のなかに位置づけるべきなのかをしっかりと理解・検討しなければならない。

　例えば、日常の保育で経験していない活動が、運動会だからといって急に種目として設定されるのは、生活との連続性を考えると不適切である。また、行事の前後の生活も、子どもたちの日常の生活とのつながりを重視し展開されるべきものである。行事後は何が何でも経験画という短絡的な指導計画は避けなくてはならない。子どもたちは行事を通して何を経験できたか、子どもたちの育ちはどうであったのか等を考察し、そのときそのときにあった指導計画が必要である。

Step3

1.「領域　人間関係」における集団の発達

　幼稚園教育要領においては、「領域　人間関係」の内容の取扱いに以下のように示されている。

幼稚園教育要領　第2章（ねらい及び内容）
人間関係
3　内容の取扱い
（2）　一人一人を生かした集団を形成しながら人と関わる力を育てていくようにすること。その際、集団の生活の中で、幼児が自己を発揮し、教師や他の幼児に認められる体験をし、自分のよさや特徴に気付き、自信をもって行動できるようにすること。
（3）　幼児が互いに関わりを深め、協同して遊ぶようになるため、自ら行動する力を育てるようにするとともに、他の幼児と試行錯誤しながら活動を展開する楽しさや共通の目的が実現する喜びを味わうことができるようにすること。
（5）　集団の生活を通して、幼児が人との関わりを深め、規範意識の芽生えが培われることを考慮し、幼児が教師との信頼関係に支えられて自己を発揮する中で、互いに思いを主張し、折り合いを付ける体験をし、きまりの必要性などに気付き、自分の気持ちを調整する力が育つようにすること。

　子どもたちは集団生活のなかでお互いがモデルになるなどして、よい刺激を受け合い影響しながら育ち合うものである。保育者が子どものこころに寄り添い、その子どものよさを認めていくことが、一人ひとりのよさを生かした集団につながっていく。子どもがその集団のなかで自己を発揮できること、大人や他の子どもに認められること、さらには子ども自身が自信をもって行動できることが重要である。

　そして子どもが自発的にその子らしく遊んでいくなかで、他の子どもたちとのかかわりも徐々に形成されていくものである。他の子どもたちと試行錯誤をしながら遊びを展開することで、その楽しさや喜び悲しみなどの感情体験を味わい、人とかかわる力が育っていく。ときにはうまくいかなかったり、友だちとのいざこざがあったりという葛藤体験を乗り越えながら育っていく過程を大切にしていきたい。

　「領域　人間関係」の内容に「（6）　自分の思ったことを相手に伝え、相手の思っていることに気付く」とある。はじめは自己主張のぶつかり合いであっても、相手に対する興味や親しみが増してくると、自己主張をしつつも少しずつ相手にわかるように伝えたり、相手の思っていることに気づけたりするようになってくる。さらには「（7）　友達のよさに気付き、一緒に活動する楽しさを味わう」ことにつながっていく。友だちとのさまざまなこころが揺れる（動かされる）体験をし、子どもの生活は豊かになっていくのである。

2. 子どもの育ちにおける連続性

発達の連続性

　ここまで子どもの発達を個の発達、集団の発達という側面でみてきたが、「発達の連続性」という視点も欠かすことはできない。この連続性とは、「保育生活（6年間）での育ち（発達）は、決して断続的なものではなく、さきの発達過程区分ごとに連続していっていることである。併せて、保育所での育ちは、小学校での生活や教育にもつながっていく、という時系列的な連続性」[*2]である。乳幼児期の子どもの育ちは、絶え間なく変化し続けている。その生活は、時期によってライフスタイルこそ違うものの、それぞれ独立しているものではなく、つながっているものである。

　子どもたちとかかわるときに、大人はさまざまな視点で子どもたちをみている。例えば、保育所・幼稚園の保育者たちは、3・4歳児と比較して5歳児を立派な一人の人間としてとらえ、子どもたちはさまざまな場面で活躍する姿がみられる。しかし、小学校では入学直後の1年生は今まで自分自身でできていたことさえ、高学年のお兄さんお姉さんたちから手取り足取りと生活のサポートを受けるのである。保育所・幼稚園のなかでも同様なことがあるのではないだろうか。学年が変わったとしても、子どもたちの育ちはつながっているものである。一人ひとりの育ちの過程をしっかりと理解していくことで、子どもに対するかかわり・援助の仕方が変わってくるであろう。

生活の連続性

　子どもの育ちの連続性のもう1つの側面は、生活の連続性である。保育所・幼稚園での生活は、家庭や地域生活と大きくかかわり合っている。原則、保育所での保育時間は8時間、幼稚園の保育時間は4時間とされ、子どもたちの過ごす生活の大半は家庭や地域社会である。子どもの育ちを支えるにあたっては、家庭のみならず保育所・幼稚園そして地域社会との連携が重要になってくる。

　生活の連続性は、保育所、幼稚園、家庭、地域社会との連続性のみならず、日々展開されている保育における連続性も重要である。日々の生活はつながりあっており、そのなかで子どもたちは遊びを展開・発展していくものである。行事等においては特に日々の保育の流れを考慮することが大切である。

---

*2　厚生労働省「改定保育所保育指針研修会テキスト」2008.

参考文献
- 厚生労働省編『保育所保育指針解説』フレーベル館，2018.
- 文部科学省『幼稚園教育要領解説』フレーベル館，2018.
- 厚生労働省「改定保育所保育指針研修会テキスト」2008.

COLUMN　決まりの大切さに気づく

　保育所・幼稚園で子どもたちが生活を送るうえで、さまざまな決まりが存在するものである。
　子どもたちは、まずはじめは保育者の口頭によって決まりの存在を知り、褒められたり叱られたりを繰り返すことによって、だんだんと決まりが守れるようになってくる。
　年齢が進むにつれ、その決まりを守るきっかけも褒められる、叱られるといった外的な要因から、なぜその決まりを守らないといけないのかを理解し、自ら決まりを守っていこうという内的要因に移行していく。遊びのなかでも、決まりを守ることでより楽しく活動できることを知り、さらには自ら決まりをつくることもある。
　日常生活のなかで、子ども同士のやりとりや集団の活動を通じ、決まりの大切さに気づき、守ろうとする規範意識も徐々に身についていくのである。
（参考：保育所保育指針、幼稚園教育要領　領域「人間関係」内容）

（溝口武史）

第11講

家庭や地域等との連携をふまえた保育

本講では、子どもを育む家庭への支援について、さらに地域や関係する他機関との連携について、その意義や方法等を学ぶ。子どもをみるとき、保護者や家庭を取り巻く地域など、その背景を常に意識することは、子どもを理解するうえで、大切なことである。地域が子どもを育み、保護者が安心して子育てをすることができれば、子どもは自ら育っていく。

Step 1

家庭、地域、小学校等との連携の意義

家庭との連携(保護者支援／地域子育て支援)

(1) 現代家庭と子育ての危機

　1980年代後半より急激な少子高齢化となったわが国では、地域社会の崩壊や核家族化、晩婚化、ひとり親家庭の増加等、子どもを取り巻く環境が大きく変化している。また、子育て経験が乏しい保護者が増え、育児に負担感を感じる保護者も増加している。なかには育児不安等から虐待へ発展するケースも多い(児童虐待相談処理件数12万2578件；2016(平成28)年度速報値)。児童虐待の加害者は、実の母親(51％)が最も多く、次いで実の父親(36％)となっている。以前から、虐待の加害者となる保護者は、子育て経験の乏しさに加え、社会とのつながりが薄く孤立したり、経済的に困窮したり、保護者自身の被虐待や被DV(家庭内暴力)等の世代間伝達も少なからずある。虐待傾向のある保護者は、自分自身が愛されて育っていなかったケースも多く、自己評価が低かったり、子どもへのコントロール欲求が強かったりする。このように保護者の状況や保護者自身の成育歴が、子育てに大きな影響を及ぼすことがあるため、子育て支援に努め、社会全体で子育てをしやすいような取り組みを行う必要がある。

　また、子育て家庭の多くは、地域のなかで気軽に相談したり、子どもを預けあう等の関係が少ない(**図表11-1**)。密室育児により、保護者の育児負担感は、総じて高い傾向にあり、特に共働き家庭よりも専業主婦家庭に高くみられるため(**図表11-2**)、園においては、在園児の保護者のみならず、地域の子育て家庭への支援、虐待の予防・早期発見などが求められている。現在、「こんにちは赤ちゃん事業」等、アウトリーチ型(訪問型)の支援も広がりつつあるが、いまだ子育て支援の場等に行くことをためらう保護者も多い。最も身近な「子育て支援機関」であるべき保育所や幼稚園、子育て支援施設等の担う役割は大きい。

(2) 保育における子育て支援の基本

　保育所や幼稚園における保育は、限られた保育時間内で行われるため、保育を行ううえで、家庭での生活を考慮し、一人ひとりの子どもに対して24時間の生活の状況をふまえた個別的な配慮が求められている。

　保育における子育て支援の基本は、保護者が子育てに主体的に取り組めるよう、さまざまな側方支援をすることである。現在、子育てをする人が集える場の提供や相談、一時預かり、情報提供、訪問型支援等さまざまなものが行われているが、保

図表11-1　気軽に子育てについて相談できる相手

資料：内閣府「少子化施策利用者意向調査の構築に向けた調査」2009.

図表11-2　母親の育児負担感

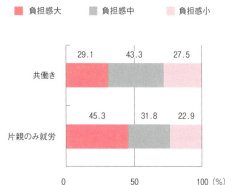

資料：「子育てに関する意識調査事業調査報告書」一般財団法人こども未来財団，平成12年度

護者の生活や状況によって支援のニーズが異なる。そのため、まずは日常のなかで保護者を認め、信頼関係（ラポール）の構築をめざすことが重要である。信頼関係を築くには、保護者との距離間を吟味する等「ほどよい援助関係[*1]」を心がけ、「受容」と「共感的態度」をもってかかわる「カウンセリングマインド」が必要である。

　園における支援は、目の前の子どもとその保護者への個別援助技術（ケースワーク）が基本となる。個別援助にあたっては、「バイステックの7原則[*2]」（①個別化、②意図的な感情の表出、③統制された情緒的関与、④受容、⑤非審判的態度、⑥自己決定の尊重、⑦秘密保持）が基本となる。こうした保護者への直接的なかかわりは、面談や個別相談の場に限らず、何気ない日常的なかかわりのなかにも生かされる。

　さらには、保護者同士の関係を築くような集団援助（グループワーク）、子育てをしやすい地域をつくる地域援助（コミュニティワーク）も求められる。

　児童福祉法第18条の4に規定されている「保護者に対する保育に関する指導」は、一方的な子育ての方法の指導ではなく、一人ひとりの保護者の状況をふまえ、受容しながら、その養育力の向上に資する支援を意味している。保育の対象は子どもであるが、その子どもの養育者であり、大半の時間を共有する保護者や家庭への支援も重要な保育活動の一部である。また、子どもを理解するためには、一人ひとりの家庭での生活を把握する必要があり、保護者と「育ちを共有する」視点や姿勢が必

[*1]　尾崎新『ケースワークの臨床技法』誠信書房，pp.43～56，1994.
[*2]　F・P・バイステック，尾崎新ほか訳『ケースワークの原則』誠信書房，pp.26～27，2007.

要となる。

　保護者は、子どもと自分のために精一杯努力しており、その多くがかつて、社会に属し、力を発揮していた人である。しかし、子育ては、はじめてであり、何でも完璧にできる保護者はいない。しかし、こちらがすべて疑問に答えたり、「やってあげてしまう」ことは支援にはならない場合もある。園では、もっと保護者を主体にし、保護者同士のつながりをつくり、保護者同士で解決できるようなしくみをつくることも必要である。具体的には、保護者会やサークル等、保護者同士の活動をもっと活発にしたり、保護者同士が話し合える場を設け、保護者同士が支え合う関係をつくる（ピア・サポート）ことを保護者支援に生かす必要がある。そして、保護者の力ではうまくいかない場合に、園が調整する必要がある。

　子育て支援の具体的な内容について、保育指針の第4章（子育て支援）において「在園児の保護者に対する子育て支援」と「地域の保護者等に対する子育て支援」という2つの方向性が示されている。また、幼稚園教育要領の第3章においても、主に「教育課程に係る教育時間の終了後等に行う教育活動」（預かり保育）と、「地域における幼児期の教育のセンター」としての役割が示されている。

　特に保育指針第4章（子育て支援）では、「保育所における子育て支援に関する基本的事項」として、「受容」「信頼関係の構築」「自己決定の尊重」「秘密保持」などの援助技術のほか、「関係機関との連携」や「保育所の特性を生かす」など、その基本的な支援のあり方について示している。

（3）在園児の保護者への子育て支援

　在園児の保護者に対する支援は、主に日常のかかわりを通して行われる。例えば、送迎時等のやりとりを通じて、子どもの状況を伝え、家庭の状況を把握し、子どもの成長をともに喜ぶことから、信頼関係が徐々に生まれる。加えて、定期的な個人面談、相談や情報提供も重要な支援である。情報提供では、子どもの成長に加え、保育の意図をどう伝えるかが重要となっている。行事や保育参加等、保護者が保育に参加する場面は、保護者が他児や保育の意図等を体感する重要な機会となる。

　また、障害のある子どもの保護者、外国籍の保護者、ひとり親家庭、育児不安や障害・病気のある保護者、虐待のリスクのある家庭など、保護者への支援が特に必要な場合も多い。特にそうした場合、子どもへのアセスメントが求められているが、保護者も含めたアセスメントが必要である。そして、子ども一人ひとりのケースについて検討する際には、併せて保護者への支援についても検討する必要がある。

　しかしながら、最も基本となる信頼関係の構築こそが難しく、ほんの少しのことで信頼関係が崩れることも多い。保護者との信頼関係の根底には、保護者を否定せ

ず、ありのままをみようとし、聴こうとする姿勢こそが必要である。保護者をみたり話を聴いたりするためには、①外見・動作・表情等、しぐさや言葉、外見の変化、②その保護者と家族・地域・社会との関係、③生育歴・生活史等、その人が育ってきた過程、④何がどのようにその人にとって「問題」となっているのか、⑤みられている保育者自身：自分のかかわり、自分自身はその人にどのようにみられているかなどに着目し、吟味する必要がある。

保育所保育指針　第4章　2　保育所を利用している保護者に対する子育て支援
(1) 保護者との相互理解
　ア　日常の保育に関連した様々な機会を活用し子どもの日々の様子の伝達や収集、保育所保育の意図の説明などを通じて、保護者との相互理解を図るよう努めること。
　イ　保育の活動に対する保護者の積極的な参加は、保護者の子育てを自ら実践する力の向上に寄与することから、これを促すこと。
(2) 保護者の状況に配慮した個別の支援
　ア　保護者の就労と子育ての両立等を支援するため、保護者の多様化した保育の需要に応じ、病児保育事業など多様な事業を実施する場合には、保護者の状況に配慮するとともに、子どもの福祉が尊重されるよう努め、子どもの生活の連続性を考慮すること。
　イ　子どもに障害や発達上の課題が見られる場合には、市町村や関係機関と連携及び協力を図りつつ、保護者に対する個別の支援を行うよう努めること。
　ウ　外国籍家庭など、特別な配慮を必要とする家庭の場合には、状況等に応じて個別の支援を行うよう努めること。
(3) 不適切な養育等が疑われる家庭への支援
　ア　保護者に育児不安等が見られる場合には、保護者の希望に応じて個別の支援を行うよう努めること。
　イ　保護者に不適切な養育等が疑われる場合には、市町村や関係機関と連携し、要保護児童対策地域協議会で検討するなど適切な対応を図ること。また、虐待が疑われる場合には、速やかに市町村又は児童相談所に通告し、適切な対応を図ること。

幼稚園教育要領　第3章
教育課程に係る教育時間の終了後等に行う教育活動などの留意事項
(1) 教育課程に基づく活動を考慮し、幼児期にふさわしい無理のないものとなるようにすること。その際、教育課程に基づく活動を担当する教師と緊密な連携を図るようにすること。
(2) 家庭や地域での幼児の生活も考慮し、教育課程に係る教育時間の終了後等に行う教育活動の計画を作成するようにすること。その際、地域の人々と連携するなど、地域の様々な資源を活用しつつ、多様な体験ができるようにすること。
(3) 家庭との緊密な連携を図るようにすること。その際、情報交換の機会を設けたりするなど、保護者が、幼稚園と共に幼児を育てるという意識が高まるようにすること。
(4) 地域の実態や保護者の事情とともに幼児の生活のリズムを踏まえつつ、例えば実施日数

> や時間などについて、弾力的な運用に配慮すること。
> (5) 適切な責任体制と指導体制を整備した上で行うようにすること。

(4) 地域の子育て家庭への支援

　幼稚園や保育所は最も身近な子育ての専門機関であるため、園のある地域の子育てをする家庭に対して、在園しているかどうかにかかわらず、園とかかわりをもち、困ったときには頼ることのできる機関となることが求められる。

　例えば、地域の子育て家庭への機能の開放（子育て広場や園庭開放など施設および設備の開放や体験保育等）、子育てに関する相談、子育て家庭の交流の促進、子育て支援に関する情報の提供など、地域の子育ての拠点としての機能のほか、一時保育、病児保育、休日保育等、特別な保育のニーズへの対応も求められている。

　子育て広場のような場は、相談相手となりうる保護者同士、専門職とのつながりをもつことが大切である。しかし、利用する保護者にとっての不安は他の利用者との関係づくりに関することが大きい（**図表11-3**）。スタッフが間に入り保護者間のつながりがいかにつくられるかで、その後の継続性が変わってくる。

　保育指針では、地域の保護者等に対する子育て支援について、保育所保育の専門性を生かした子育て支援、一時預かり事業についても記載されている。

　また、幼稚園教育要領では、「地域における幼児期の教育のセンター」としての機能（相談や情報提供、幼児と保護者との登園の受け入れ、保護者同士の交流等）が期待されている。

地域との連携

(1) 地域との連携の意義・内容

　子どもたちの健やかな育ちを支えるため、園も積極的に地域社会とかかわり、園の機能を地域に積極的に開き、子どもを育む地域づくりをする中心的な役割を担う必要がある。保育所保育指針や幼稚園教育要領には、子育て支援を行うために、地域の関係機関やNPO法人等との連携や積極的なボランティアの活用等が示されている。また、虐待等地域の要保護児童への対応のために、要保護児童対策地域協議会など関係機関と連携、協力して取り組むことが示されている。

　また、障害児や外国籍（がいこくせき）の子どもの保育のため、市町村等の支援のもとで、地域の関係機関等との日常的な連携や協力体制を構築することが求められている。

　地域との連携とは、具体的には、次のようなものが考えられる。①小学校・幼稚園・保育所・児童館・福祉センターなど関係機関・要保護児童対策地域協議会等連

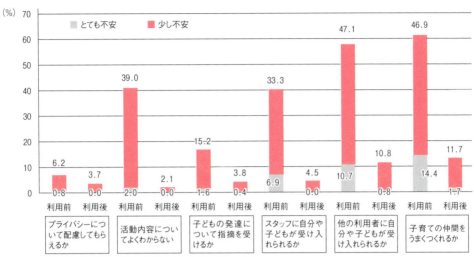

図表11-3 地域子育て支援拠点の利用の際に感じた不安

出典:「地域子育て支援拠点事業における活動の指標『ガイドライン』作成に関する研究」（主任研究者：渡辺顕一郎）一般財団法人こども未来財団、平成20年度

絡会などの関係機関、②自治会・民生児童委員・町会・商店会など地域の団体、③NPO・サークル等住民グループなど、④消防署・警察・病院などの地域の機関、⑤公園・広場等、⑥電車・バスなどの公共交通機関、⑦防災拠点等、地域の機関は無数にあり、地域の「資源」ともいわれる。園内だけで過ごすのではなく、街に出て、街を知ることも必要なことである。そこで出会う環境（人・モノ・自然）を保育に取り入れ、子どもの生活が豊かになるようにすることが求められる。

保育指針では、第4章（子育て支援）の「3 地域の保護者等に対する子育て支援」「(2) 地域の関係機関等との連携」において、子育て支援を行うための関係機関との連携および人材の活用、「要保護児童対策地域協議会」など、児童虐待防止等の連携等が示されている。なお、第3章（健康及び安全）の「4 災害への備え」において、「(3) 地域の関係機関等との連携」として、日常的な地域の関係機関との連携と避難訓練の際の関係機関との連携の記載がある。

幼稚園教育要領では、第1章（総則）の「第6 幼稚園運営上の留意事項」において、「地域の自然、高齢者や異年齢の子供などを含む人材、行事や公共施設などの地域の資源を積極的に活用し、幼児が豊かな生活体験を得られるように工夫する」と記載されている。

Step2

> **演習1** 子育て中の保護者の思いや気持ちを考え、どのような支援が求められているのかを考えてみよう。また、それに対して、園として何がどこまでできるのかを考えてみよう

目的・課題

① 子どもの姿・状況の背景には、保護者や家庭、地域、社会的な関係などが遠因となっている場合が多い。その子どもを通して、家庭や地域の課題をみることもできる。その子ども・家庭・地域の課題は何か、そして、どう援助することが求められるのかを具体的に考えることが求められる。

② 現代の社会情勢や子育て家庭のおかれた状況等をふまえ、表面的な印象ではなく、なぜそうなっているのか、他者と意見を交わし、自身とは異なる価値観や環境に触れながら、他者の意見や考えと照らし合わせるなかで学び合うことが求められる。

③ 保護者とともに子どもの育ちを喜び、共有することが保育者に求められている。しかし、学びの過程で、保護者とかかわる体験を多くもつことは難しい。そのため、実習や日常生活のわずかな場面から、保護者の思いを理解しようとするアプローチが必要となる。

進め方

（1）準備

グループで作業ができるような広めのテーブル、模造紙、ふせん紙（正方形の大きめのふせん）、マジック等を用意する。

ブレーン・ストーミングおよび整理、意見交換ができるように、6〜12名のグループを形成する。

（2）方法

課題は1から順に行う必要はない。できるところのみ行ってもよい。

課題1：「現代の子育て」に関するイメージを出し合い、整理する。

① 「現代の保護者」「現代の子育て」について考えることをふせん紙に書く（後に整理するので1枚のふせん紙に1つの事柄を書く）。できればプラス面を書くふせん紙とマイナス面を書くふせん紙を色分けするとよい。

Step2 プラクティス

② 次に、書いたふせん紙を模造紙に貼る。
③ 同じ内容のものをまとめて整理して並べ直す。同じ内容のものをグルーピングし、それぞれのグループにタイトルをつける。
④ さらに、その保護者像のマイナス面にどんな支援ができるのか意見を出し合う。
⑤ グループでどんな意見が出たかを全体に発表する。その際に、自分たちの見方の偏(かたよ)りについても考える。どんな偏りがあるか、どんなところが見えていないかを明らかにする。

課題2：「街でみかけた気になる親子」をあげ、日常的にどんな親子とすれ違っているのか再確認する（この場合の「気になる」とは、マイナスの意味だけではなく、好意的な意味で気になった場合も含まれる）。

① 街でみかけた気になる親子のエピソードを具体的に書く（いつ、どこで、どんな場面に遭遇(そうぐう)し、それをみてどう思ったかなど）。
② グループ内で発表する。
③ 最も印象に残るエピソードを取り上げ、なぜ、その親はそうしたのか、なぜその子どもはそうなったのかなど、さまざまな角度から意見を出す。

課題3：「子育てへの支援」とは何をどのようにするものかを考える。また、「支援」のために必要な「資源」についても考える。

① **課題2**で出された親子のなかで、特にマイナス面が特徴的なケースを１〜２つピックアップする。
② それぞれのケースについて、なぜそうなっているのか、理由をいくつも出し合う。
③ その理由について、どうすればその問題が解消(かいしょう)されるか、意見交換する。
④ さらに、その親子の住む地域にどんな機関や資源（人的環境・物的環境ほか）、支援が必要で、それぞれがどのように支えていけばよいのか、意見交換する。
⑤ ④で出された機関や資源、支援について、現実の社会で、(1)必ずあるもの、(2)あるかもしれないもの、(3)おそらくないが必要なもの、に分ける。
⑥ 園（保育所や幼稚園）でできること、できないことについても意見交換する。

課題4：これまでの実習経験から、気になる子どもをピックアップし、その子どもの気になる行動を書き出すとともに、その子どものおかれている状況（家庭、地域、社会との関係等）の状況や実際に行われていた支援等についてあらためて考察する。

第11講　家庭や地域等との連携をふまえた保育

演習2　「子育てしやすい街」をデザインしてみよう

課題

① 園を取り巻く地域社会のなかで、関係する機関を考える。そしてその機関と具体的にどのような連携ができるのかを出し合い、マッピングする。
② 「子育て」をキーワードに連携することをイメージする。そして、どうすれば連携が生まれ、促進するのかを考える。
③ 連携の難しさ、限界を知り、連携することで、子どもや保護者にとって、どんなメリットがあるのかを考察する。

進め方

（1）準備するもの

　グループで作業ができる広めのテーブル、模造紙、ふせん紙、マジック等を用意し、ブレーン・ストーミングおよび整理、意見交換ができるように、10名前後のグループを形成する。

（2）方法

方法1：地域にある子育てを支援する資源を活用することを考える

① 園を模造紙の中心に書き、そこから関係する機関や地域の資源、団体、人、モノ等をふせん紙に書き出し貼る。
② それぞれの関係機関や地域の資源、団体、人、モノ等について、保育所との関係を線（二重線、棒線、破線）で表し、マッピングする。
③ 「子どもの保育に際し、課題のある家庭のケース」（**演習1**の**課題2**で出されたものを活用してもよい）の事例に対して、それぞれの関係機関と連携し、資源を活用するために必要なことを意見交換し、まとめる。そして結果を報告する。

〇地域の資源・関係機関等の例

> 〇学校・幼稚園・保育所・子育て支援センター・児童館・福祉センター等、子育て関係の機関
> 〇社会福祉施設等
> 〇担当する行政等
> 〇自治会・民生児童委員・町内会・商店会等地域の住民の団体等

○子育てに関連するNPO法人や母親サークル等の住民グループ
○ボランティア
○消防署・警察・医療機関等
○公園・広場等の資源
○電車・バスなどの公共交通機関
○防災拠点・防災組織等
○CSR（地域貢献活動）をする企業
○要保護児童対策地域協議会

方法2：子育てしやすい街づくりを考える

① 子育てしやすい街に必要な要素をふせん紙を使って書き出し、貼る。なお、街は架空の街でも白地図を使い、どこかの地域を具体的に想定してもよい。例えばふせん紙の色を

　　A　公共的な機関、サービス（上記参照）
　　B　企業、店
　　C　遊び場、公園
　　D　人とのかかわり
　　E　自然
　　F　情報

などに分けて考えると明確になる。

② 実際に模造紙や画用紙等に図示し、わかりやすくまとめる。
③ グループごとに発表する。

Step3

1. 開かれた園にするために

　子どもを生み育てやすくなるように、幼稚園や保育所、認定こども園では、さまざまな支援を在園児の保護者および地域の子育て家庭に向けて行っている。

　例えば、子ども・子育て支援法（平成24年8月22日法律第65号）では、「子どものための教育・保育給付」の仕組みが定められるとともに、児童福祉法に規定された地域型保育事業（家庭的保育、小規模保育、居宅訪問型保育、事業所内保育）に対する「地域型保育給付」の仕組みが定められた。また、「地域子ども・子育て支援事業」として、放課後児童健全育成事業や子育て短期支援事業、乳児家庭全戸訪問事業、地域子育て支援拠点事業、一時預かり事業、病児保育事業など、従来から行われてきた子育て支援事業に新たな事業を加えて、それらの費用の仕組みも定められた。さらに、地方版子ども・子育て会議が設置され、子育て当事者の参画が図られるようになった。

　例えば、2005（平成17）年から行われている石川県の「マイ保育園登録制度」は、子どもが生まれた際に、かかわることのできる身近な保育園等の施設を「マイ保育園」として、相談に行ったり、保育を利用したりできる関係をすべての3歳未満児に対して行っている。また、地域の3歳未満児の誕生会を行い招待したり、乳児家庭全戸訪問に同行したりと、地域の子育て家庭を網羅し、すべてにゆきわたるようなマクロ的支援を行う取り組みも多い。

　新澤は、仕事帰りに子どもを迎えに来る保護者のために保育園でコーヒーをいれ、主任がクッキーを焼き、子どもと対面する前にほっと一息ついてもらう試みを行った[*3]。この「喫茶コーナー」でいろいろと話が弾み、保護者も仕事の顔から親の顔に変わることができ、また子どもを急かすこともなく、ときに親たちの本音を聞くことができたそうである。このように、全体を網羅し支えるような"フォーマルな支援"制度だけでなく、各園や個人が「できることをできるだけ行う」ような"インフォーマルな支援"も必要である。長時間の保育や一時預かり、病児保育などさまざまな保育事業をはじめ、こうした個々の保護者に直接はたらきかけるようなミクロ的支援は、これまで長期間、日本の保育が培ってきた支援の姿である。

　さらに、園として地域の自治組織や活動に参画し、要保護児童対策地域協議会ほか地域の子育て関連団体・NPOとの協働や連携が必要である。地域に開かれた大規模なバザーを企画したり、地域の団体と協同しながら「子育てメッセ」のような

---

*3　新澤誠治『私の園は子育てセンター』小学館，1999.

イベントを企画したり、子育て関連のNPOや団体を支えたりすることも行われている。こうした地域をつくり、地域の子育てを支える支援は、今後さらに園として求められる姿であろう。

子育て支援は、子どもの育ちだけでなく、保護者が子どもを育てやすくするさまざまな支援を指しており、かつ多岐にわたっている。主なものは、①子どもと保護者が遊び集うことのできる場の提供（地域子育て支援拠点事業）、②育児に関する相談、③一時預かり事業（理由を問わない一時預かりも広がっている）、④保護者の学び・育児に関する講座、⑤育児に関する情報の提供、⑥児童虐待の予防や啓発、見守り、⑦子どものいる家庭への訪問などの直接的な支援（アウトリーチ）などがある。

こうした対象者に直接的に支援を行うほか、児童手当や医療費の補助などの現金給付や、ひとり親家庭への支援や障がいのある子どもへの支援（現金給付＋サービスの現物給付）、企業の育児支援、父親の子育て参加を促進させるようなキャンペーン（子育ての文化の構築）など、制度や補助なども含めて、さまざまな支援がある。

2. 保育所等における子育て支援

現在、長時間にわたる保育や相談、園によっては、病児・病後児保育や休日保育、夜間保育などのさまざまな保護者支援、地域の子育ての拠点としての機能や一時預かり事業などの地域子育て支援が行われている。

保育指針第4章（子育て支援）には、「1　保育所における子育て支援に関する基本的事項」「2　保育所を利用している保護者に対する子育て支援」「3　地域の保護者等に対する子育て支援」の3つの視点で記述されている。ここには、子どもの権利条約や児童福祉の理念、カウンセリングマインド、バイステックの7原則など、さまざまな概念を基礎に構成されており、保育所のみならず、子育て支援を行う際に大切にすべき視点が盛り込まれている。指針に盛り込まれた内容を各園が創意工夫を重ね、実践することは大きな意義をもつ。

参考文献
- 西澤哲『子どものトラウマ』講談社，1997.
- 尾崎新『ケースワークの臨床技法』誠信書房，1994.
- F・P・バイステック，尾崎新ほか訳『ケースワークの原則』誠信書房，2007.
- 子ども家庭リソースセンター『Nobody's Perfect』ドメス出版，2002.

COLUMN　子ども食堂

　「三間（さんま）」（時間・空間・仲間）の減少や地域社会の崩壊、地域の養育力の低下が問題となって久しい。

　児童虐待や「子どもの貧困」が問題になるなど、子どもを取り巻く社会は必ずしも「子どもの最善の利益」を保障していない。

　近年、「子ども食堂」が全国的に急増している。食事を通した温かい団らん、地域の人と人が知り合う機会、大人が子どもの勉強をみたり、地域の子ども同士で遊んだりしながら関係をつくる、そんなささいな「つながり」が、社会に光を灯すかもしれない。

（参考：全国子ども食堂ネットワーク　http://kodomoshokudou-network.com/）

写真：千葉明徳短期大学　育ちあいのひろばたいむ　子ども食堂「まんぷくCafe」

（石井章仁）

第12講

小学校との連携・接続をふまえた保育

本講では、小学校との連携・接続をふまえた保育について、法令上の規定、課題、連携から接続へと進む内容、子どもをめぐる情報提供のあり方等を学ぶ。Step1では、小学校との連携・接続とは何かを知る（法令上の規定、課題、連携から接続へ）。Step2では、保育所児童保育要録の作成、送付および保存について考える。Step3では、自治体による保幼小接続カリキュラムの事例を通して、連携・接続を考える。

Step 1

1. 小学校との連携・接続

　保育所保育指針、幼保連携型認定こども園教育・保育要領、幼稚園教育要領（以下、保育指針等）および小学校学習指導要領の改訂により、保育所保育、幼稚園教育等（以下、幼児教育）と小学校教育との円滑な接続を図ることの重要性が、法令上に明示された。

保育所保育指針　第2章　保育の内容
4　保育の実施に関して留意すべき事項
　(2)　小学校との連携
　　ア　保育所においては、保育所保育が、小学校以降の生活や学習の基盤の育成につながることに配慮し、幼児期にふさわしい生活を通じて、創造的な思考や主体的な生活態度などの基礎を培うようにすること。
　　イ　保育所保育において育まれた資質・能力を踏まえ、小学校教育が円滑に行われるよう、小学校教師との意見交換や合同の研究の機会などを設け、第1章の4の(2)に示す「幼児期の終わりまでに育って欲しい姿」を共有するなど連携を図り、保育所保育と小学校教育との円滑な接続を図るよう努めること。
　　ウ　子どもに関する情報共有に関して、保育所に入所している子どもの就学に際し、市町村の支援の下に、子どもの育ちを支えるための資料が保育所から小学校へ送付されるようにすること。

　保育所保育において、子どもが小学校に就学するまでに、創造的な思考や主体的な生活態度などの基礎を培うとは、どのようなことか。
　創造的な思考の基礎として重要なことは、子どもが出会うさまざまな事柄に対して、興味関心が広がり、挑戦し、粘り強くあきらめずに工夫することである。うまくできない経験から、「もっとこうしてみよう」といった新たな思いが生まれ、さらに工夫し自分の発想を実現できるようにしていく。主体的な態度の基本は、自分なりに生活をつくっていき、さらに、自分を向上させていこうとする意欲が生まれることである。それらの基礎が育ってきているか、それが小学校の生活や学習の基盤へと結びつく方向に向かおうとしているかをとらえる必要がある。また、ともに協力して目標をめざすような、協同して遊ぶ経験を重ねることも大切である。

小学校学習指導要領　第1章　総則
第2　教育課程の編成
　4　学校段階等間の接続
　　教育課程の編成に当たっては、次の事項に配慮しながら、学校段階等間の接続を図るものとする。

> （1）幼児期の終わりまでに育ってほしい姿を踏まえた指導を工夫することにより、幼稚園教育要領等に基づく幼児期の教育を通して育まれた資質・能力を踏まえて教育活動を実施し、児童が主体的に自己を発揮しながら学びに向かうことが可能となるようにすること。
>
> また、低学年における教育全体において、例えば生活科において育成する自立し生活を豊かにしていくための資質・能力が、他教科等の学習においても生かされるようにするなど、教科等間の関連を積極的に図り、幼児期の教育及び中学年以降の教育との円滑な接続が図られるよう工夫すること。特に、小学校入学当初においては、幼児期において自発的な活動としての遊びを通して育まれてきたことが、各教科等における学習に円滑に接続されるよう、生活科を中心に、合科的・関連的な指導や弾力的な時間割の設定など、指導の工夫や指導計画の作成を行うこと。

　小学校においても、保育所から小学校への移行を円滑にすることが求められ、特に入学当初は、スタートカリキュラムを編成し、生活科を中心に合科的・関連的な指導や弾力的な時間割の設定などが求められている。小学校入学による生活の変化に適応し、自己発揮できるように、保育者が見通しをもった適切な指導を行う。また、「幼児期の終わりまでに育ってほしい姿」を手がかりに、子どもの成長や保育士等のはたらきかけの意図を伝えるようにし、幼児期から児童期への発達の流れを共有する。子どもの発達を長期的な視点でとらえ、保育と小学校教育の内容、互いの指導方法の違いや共通点について理解を深める。保育所と小学校がそれぞれ指導方法を工夫し、意見交換や合同の研究会や研修会、保育参観や授業参観などを通じて連携を図るようにする。主体的に「小学校との連携・接続」に取り組み、保育者と小学校教師が力を合わせて子どもの育ちと学びを支えていくことが大切なのである。

2. 連携・接続の課題

小1プロブレム

　1年生が、集団行動がとれない、授業中座っていられない、話を聞かないなどの状態が数ヶ月継続する問題が生じることを「小1プロブレム」と呼ぶ。発生理由に関する自治体へのアンケート結果[*1]では、「家庭によるしつけが十分でない」「子ど

---

*1　東京学芸大学「小1プロブレム研究推進プロジェクト」「小1プロブレム研究推進プロジェクト報告書」2010.

もに自分をコントロールする力が身についていない」「子どもの自己中心性が強いこと」等が要因とされる。

　これらは、幼児教育と小学校教育が力を合わせて子どもの育ちを支える大切さを表している。例えば、子育て支援のあり方を考え、保護者の支援のあり方により留意する。また、遊びを通して主体的にさまざまな対象にかかわろうとする子どもの姿、非認知的能力（集中し、工夫し、挑戦し、やり遂げる力等）をより意識する。保育所・小学校相互の意見交換等により見通しを持った保育・教育を行うことが大切である。

具体的な課題

　保育所等・小学校の現場で、「同じ敷地内ならば交流しやすいが、離れていては連携しにくい」「さまざまな行事に追われ多忙なので、行事が増えることに抵抗がある」などの声が聞かれることがある。

　また、幼児教育側の課題には、「幼児教育を小学校の準備教育と考え、読み書き、計算や長時間椅子に座る練習に終始してしまう」「幼児期は遊んでいることが大切という発想だけで、遊びのなかの学びを育てる観点でかかわらない」等があげられる。小学校側には、「遊びを通して集中したり気づいたり考えたりする力を伸ばしているという幼児教育への理解がない」「1年生はゼロからのスタートであるという意識でいる」等の課題がみられる。

　連携・接続のためには、幼児教育にたずさわる保育者が「子どもがこれからどのように育つのか」を見通す。小学校の教員が「子どもがこれまでどのように育ってきたのか」を見通す。子どもの育ちと学びを核とした相互理解のうえで、それぞれが専門性をもち「今、目の前にいる子どもとどのようにかかわればよいか」を考え、互いに学び合うことが連携・接続の要となるのである。

3. 連携から接続への実践

　互いの教育内容や子どもについてわかり合う「連携」から、子どもの育ちを見通してつなげる「接続」への深化をどのように考えればよいだろう。福井県の事例をもとに5つの段階[*2]から連携・接続を考えてみよう。

[*2] 福井県幼児教育支援センター「学びをつなぐ希望のバトンカリキュラム：学びに向かう力をはぐくむ：福井県保幼小接続プロジェクト」p.54, 2015.

近隣の保幼小の間で、子ども同士の交流を進め、単なる訪問活動を超えた意味ある教育活動とする

　円滑（えんかつ）な接続のためには、小学校就学に向けて自信や期待を高め、極端な不安を感じないよう、就学前の子どもが小学校の活動に参加するなどの交流活動も意義のある活動である。ただし、最も配慮すべきは、事前事後の活動も含め、園・小学校が互いにねらいをもち、展開・発展を考えることである。互恵性を意識して活動を充実させ、園児も小学生も自分の力を発揮できるようにすることが大切である。

　また、保育所と小学校の連携のみならず、幼稚園や認定こども園も加えた連携が求められている。小学校の環境を使い、校区内の5歳児が集（つど）う「保幼交流会」の実践例では、公私立、保育所・幼稚園の園種が異なる園同士が集まり交流活動を行っている。その意義は地域の子どもたちをともに育てようとする実践コミュニティの育ちにある。枠を超えて子どもを皆で育てようとする実践コミュニティにより、子どもたちが安心して小学校の入学を迎えるのである。

保育者・教師による相互理解を図り、幼児教育と小学校教育の重なりやつながりを生み出そうとする

　互いの教育を尊重（そんちょう）しながら相互理解を図る機会を設けるために、地域の実態に合わせた工夫・改善を行うことが大切である。実情に合わせて、年間の計画に位置づけ、毎年改善を図るようにするとよい。研究会、研修会以外にも、身近な手だての工夫も考えていくことが大切である。

○　指導主事訪問や授業公開を、近隣の保育所等にも案内する。
○　夏休みを利用して、小学校の教師が保育所等で保育体験をする。
○　入学式、運動会等の既にある行事を通して、子どもの様子を見合う。

子どもをめぐる情報の伝え合いの場をつくり、長期的な見通しのある幼児教育と、幼児教育の成果をふまえた小学校教育を可能とする

　基礎自治体の教育委員会や校長会・教頭会等、新入学児童を迎える準備や情報の伝え合いのための工夫が組織的に行われ、すべての園への依頼、文書や連携シートの様式・入学前の聞き取り時期の共通化等が進められている。就学時健康診断、新入学児童についての園での聞き取り、一日体験入学、移行支援会議、要録の送付等、小学校の動きの見通しをもち、機会をとらえて情報を伝えるようにする。

特別な配慮を要する子どもの情報は、小学校による園観察、聞き取り等、よりていねいな対応が必要である。保護者も交え、家庭・園・小学校の三者で移行支援会議を行い、入学前から信頼関係を培い、安心して入学を迎えるようにする。園と小学校が互いを尊重し、連絡し合う関係を築（きず）くことが大切である（保育所児童保育要録については、Step 2 演習で確認する）。

保幼小の接続のあり方を、保幼小の集まりのなかで検討する。子どもの適応しやすい環境や学びのつながりなど接続期のあり方について工夫する

　保育・授業を互いに参観する。園での経験を生かして1年生の授業を展開したり、小学校での授業を参観して園での経験の充実を図ったりすることは、子どもの育ちをつなぐ重要な取り組みである。保育参観の機会には、遊んでいる子どもの姿からどのようなことを読み取ることができるのかということや、保育者がどのような意図をもって子どもにはたらきかけを行っているのかということを小学校教師にわかりやすく語るようにする。

　連携・接続が進み、研究会等、小学校と話し合う機会が増えていくことが考えられる。そうした際に、「幼児期の終わりまでに育ってほしい姿」を参考にしながら、園の取り組みや子どもの様子を伝えたり、接続を考えた保育・授業の工夫について意見を出したりする。

　小学校とともに接続のあり方について意見交換し、保育・授業の改善を図るには、保育者同士が日常で子どもの情報を伝え合って協働し、園内の研究・研修を活性化していくことが大切である。積み重ね（つみかさね）が円滑な接続の基盤となるのである。

保幼小接続で育成すべき力を見通した全体的な計画・教育課程の構築を図る

　「幼児期の終わりまでに育ってほしい姿」（**図表12-1**）は、幼児教育の出口に当たるところの子どもの具体的な姿であり、同時に小学校の入り口での子どもの姿でもある。連携から接続に深めるプロセスを通して、保育所等と小学校がもつ5歳児修了時の姿が共有化されることは、円滑な接続の要となる。保育・授業をそれぞれの立場でより充実させ、子どもが自分の力を存分に発揮する教育の実現につなげていく。未来を生きる子どもたちに必要な力を見通しながら、5歳児・1年生の「接続期」の教育課程を考えていくのである。

　具体的には、保育所等と小学校が育てたい子どもの姿をイメージしたうえで明確な目標を設定し、その実現に向けた具体的なねらいや内容を組織することである。全国のさまざまな地域で、都道府県や基礎自治体が、すべての園・小学校に通じる

図表12-1 幼児期の終わりまでに育ってほしい姿のイメージ

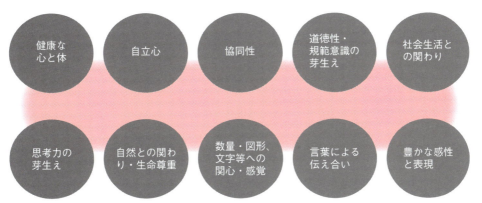

資料：中央教育審議会「幼稚園、小学校、中学校、高等学校及び特別支援学校の学習指導要領等の改善及び必要な方策等について（答申）」（平成28年12月21日）

教育課程を編成しているところもあるため、どのような考え方のカリキュラムかを調べるようにする。そして、それを参考にしながら、各小学校区における実態をふまえた取り組みを行うとよい。

　まずは、ベースとなる保育所等における全体的な計画・教育課程等を、資質・能力を育む観点で充実させる。各領域のねらいを関連させ、「幼児期の終わりまでに育ってほしい姿」や小学校の学びを念頭におきながら、園児の調和のとれた発達をめざす。教育・保育目標等をふまえた総合的な視点で、その目標の達成のために必要な具体的なねらいや内容を組織する。子どもの姿や地域の実情をふまえつつ、どのような教育課程を編成し、実施・評価し改善していくかという「カリキュラム・マネジメント」を確立する。小学校との意見交換や研究会を通して、幼児の姿や就学後の状況、家庭や地域の現状等に基づき、PDCAサイクルを生み出し、教育課程を編成し、実施し、評価して改善を図る。

　これらの一連の流れを生み出すことが、これからの幼児教育・小学校教育を高めることにつながるのである。そのためには、すべての保育者がその必要性を理解し、日々の保育についても教育課程全体のなかでの位置づけを意識しながら取り組む必要があるといえる。

Step 2

> **演習** 資料を読み、「保育所児童保育要録の作成、小学校への送付および保存について留意すること」を考えてみよう

課題

① 資料*3 を読み、留意すべき事項を整理する。
② 日々の保育記録の工夫について考える。

進め方

① 資料を読んで、留意事項をメモに書き出す。
② グループでメモをもとに話し合い、留意すべき内容を整理する。
③ 保育要録の作成を念頭に、日々の保育記録の工夫を考える。

資料

○小学校との連携について

　保育所においては、保育所保育指針に示すとおり、保育士等が、自らの保育実践の過程を振り返り、子どもの心の育ち、意欲等について理解を深め、専門性の向上及び保育実践の改善に努めることが求められる。また、その内容が小学校（中略）に適切に引き継がれ、保育所保育において育まれた資質・能力を踏まえて小学校教育が円滑に行われるよう、保育所と小学校との間で「幼児期の終わりまでに育ってほしい姿」を共有するなど、小学校との連携を図ることが重要である。

　このような認識の下、保育所と小学校との連携を確保するという観点から、保育所から小学校に子どもの育ちを支えるための資料として、従前より保育所児童保育要録が送付されるよう求めているが、保育所保育指針第2章の4(2)「小学校との連携」に示す内容を踏まえ、今般、保育所児童保育要録について、
　・養護及び教育が一体的に行われるという保育所保育の特性を踏まえた記載事項
　・「幼児期の終わりまでに育ってほしい姿」の活用、特別な配慮を要する子どもに関する記載内容等の取扱い上の注意事項
等について見直しを行った。

（参考資料：保育所児童保育要録様式より抜粋）

---

*3 「保育所保育指針の適用に際しての留意事項について」（平成30年3月30日子保発0330第2号厚生労働省子ども家庭局保育課長通知）一部抜粋

Step2 プラクティス

○取扱い上の注意

(ア) 保育所児童保育要録の作成、送付及び保存については、以下①から③までの取扱いに留意すること。(略)
　① 保育所児童保育要録は、最終年度の子どもについて作成すること。作成に当たっては、施設長の責任の下、担当の保育士が記載すること。
　② 子どもの就学に際して、作成した保育所児童保育要録の抄本又は写しを就学先の小学校の校長に送付すること。
　③ 保育所においては、作成した保育所児童保育要録の原本等について、その子どもが小学校を卒業するまでの間保存することが望ましいこと。
(イ) 保育所児童保育要録の作成に当たっては、保護者との信頼関係を基盤として、保護者の思いを踏まえつつ記載するとともに、その送付について、入所時や懇談会等を通して、保護者に周知しておくことが望ましいこと。その際には、個人情報保護及び情報開示の在り方に留意すること。
(ウ) 障害や発達上の課題があるなど特別な配慮を要する子どもについて「保育の過程と子どもの育ちに関する事項」及び「最終年度に至るまでの育ちに関する事項」を記載する際には、診断名及び障害の特性のみではなく、その子どもが育ってきた過程について、その子どもの抱える生活上の課題、人との関わりにおける困難等に応じて行われてきた保育における工夫及び配慮を考慮した上で記載すること。
　　なお、地域の身近な場所で一貫して効果的に支援する体制を構築する観点から、保育所、児童発達支援センター等の関係機関で行われてきた支援が就学以降も継続するように、保護者の意向及び個人情報の取扱いに留意しながら、必要に応じて、保育所における支援の情報を小学校と共有することが考えられること。
(エ) 配偶者からの暴力の被害者と同居する子どもについては、保育所児童保育要録の記述を通じて就学先の小学校名や所在地等の情報が配偶者(加害者)に伝わることが懸念される場合がある。このような特別の事情がある場合には、(中略)関係機関等との連携を図りながら、適切に情報を取り扱うこと。
(カ) 保育所児童保育要録は、児童の氏名、生年月日等の個人情報を含むものであるため、個人情報の保護に関する法律等を踏まえて適切に個人情報を取り扱うこと。
　① 公立の保育所については、各市区町村が定める個人情報保護条例に準じた取扱いとすること。
　② 私立の保育所については、(中略)原則として個人情報を第三者に提供する際には本人の同意が必要となるが、保育所保育指針第2章の4(2)ウに基づいて保育所児童保育要録を送付する場合においては、(中略)第三者提供について本人(保護者)の同意は不要であること。

第12講　小学校との連携・接続をふまえた保育

Step 3

連携・接続の具体的事例

全国の自治体では、独自の保幼小接続カリキュラムを策定するとともに、幼児教育研修体制を整備するなどして、幼児教育と小学校教育の連携・接続を推進している。ここでは、福井県の取り組みを紹介する。

福井県保幼小接続カリキュラム

福井県幼児教育支援センターは、福井県独自の保幼小接続カリキュラム『学びをつなぐ　希望のバトン　カリキュラム―学びに向かう力をはぐくむ―』（平成27年3月）を策定した。公私・校種を超えた県のビジョン・方向性を提示したもので、「学びに向かう力」を核としたねらいと道筋を明確化している。カリキュラムは、全体カリキュラム・内容カリキュラム・連携推進カリキュラムの3部に分かれている。

全体カリキュラム

全体カリキュラムは、「学びに向かう力」を生涯の学びの根幹として継続して育て続けるために、5歳児から1年生までの2年間を接続期とし、協同性・学びの芽生え・道徳性の育成の3つの柱から構成されている。要領の改訂で示された育成すべき資質・能力の柱の1つでもある「学びに向かう力」は、友達と共通の目的に向かって、子ども自身が主体的に遊び・活動を発展させていく力のことで、以下のような経験を積むことを大切にする。

○　自分の思いを伝え合って、友達と力を合わせる
○　いろいろなものに興味をもって、おもしろさを感じる
○　自分の力を出したり、我慢したりして、調整する
○　集中したり、根気強く取り組んだり、工夫したりする

このように、子どもが意欲をもって遊びに集中し、工夫し、挑戦する力を育てることが小学校以降の意欲、集中力、挑戦力などにつながることを示す。

内容カリキュラム

内容カリキュラムは、5歳児までの遊びと1年生からの学びの連続性を表したものであり、4つの内容「言葉」「数」「自然」「約束」からできており、5歳児が遊びを通して身につける基本的な内容を示している。夢中になって遊ぶなかで気づきが得られるもの、子ども自身が遊びを発展させるなかで感じることができるものなど、遊びの視点を大切にしながら、小学校以降につながる基本的な経験を10項目ず

つ例示し、解説している。

例えば、「保育者が絵本の読み聞かせを毎日する」「保育室に絵本コーナーを設置し、絵本に触れられる環境を整える」（言葉）、「大きい小さい、長い短い、多い少ないなどを比べる経験をする」「一つずつ数が増えたことがわかる遊びをする」（数）、「土・砂の性質に気づき、面白さがわかる遊びをする」「小動物や生き物に親しみ、命の大切さに気づきながら世話をする」（自然）、「さまざまなルールのある遊びをする」「小学校へのあこがれを育てる遊びや活動をする」（約束）などが例示されている。

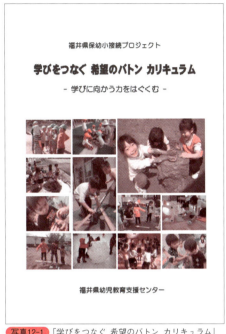

写真12-1 「学びをつなぐ 希望のバトン カリキュラム」

連携推進カリキュラム

図表12-2は県内すべての小学校区で連携の計画を立てるためのカリキュラム例の抜粋である。

図表12-2 連携推進カリキュラム例（抜粋）

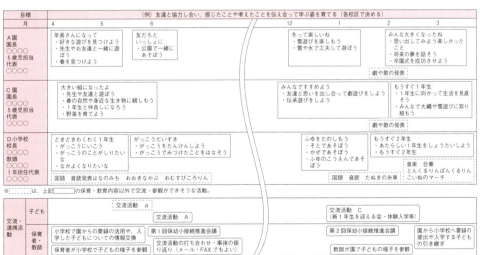

参考文献

- 厚生労働省編『保育所保育指針解説』フレーベル館，2018.
- 文部科学省『幼稚園教育要領解説』フレーベル館，2018.
- 文部科学省「幼児期の教育と小学校教育の円滑な接続の在り方について（報告）」2010.
- 福井県幼児教育支援センター「福井県保幼小接続プロジェクト　学びをつなぐ希望のバトンカリキュラム―学びに向かう力をはぐくむ―」2015.
- 横浜市こども青年局・横浜市教育委員会「横浜版接続期カリキュラム　育ちと学びをつなぐ」2013.
- 秋田喜代美・第一日野グループ『保幼小連携――育ちあうコミュニティづくりの挑戦』ぎょうせい，2013.

COLUMN　保育者の語りと接続

　子どもの姿を通して、「遊びのなかの学び」を語る。

　「幼児期の終わりまでに育ってほしい姿」やカリキュラムと、目の前の子どもの姿を重ねて、「子どもは何を学んでいるのか」を言語化する。個々の保育者の気づきと言葉により、子どもの姿の意味や価値を言葉にする仲間が増えていき、子どもの姿の意味づけが幼児教育の文化として育つ。「遊びのなかの学び」を語る文化の醸成は、保育者の情意の育ちと小学校への接続につながっていく。

　子どものすばらしさを語る。始まりであり、プロセスであり、成長である。停滞するとき、困難なとき、園内外のさまざまな保育者や小学校教員と語り合いながら、子どもから学ぶ原点に立ち返り、学び続けよう。

（齊藤弘子）

第13講

長時間の保育

　本講は、長時間の保育の実施にあたっての配慮事項等について理解することを目的とする。
　Step1では①長時間保育の現状、②長時間保育に求められる配慮事項について、夜間保育の現状を含めて解説する。Step2では長時間の保育を行う際の配慮事項について演習形式で学び、Step3では長時間保育の配慮事項について子ども・家庭・職員それぞれの観点から解説する。

Step 1

1. 長時間の保育の現状

　近年、共働き家庭の増加をはじめ、子どもの育ちや子育てにかかわる社会の状況は大きく変化してきている。1、2歳児の保育所等の利用児童数が大幅に増加しているのもその1つである。

　もう1つの変化が保育時間である。**図表13-1**は、保育所等の開所時間ごとにみた施設数の割合である。およそ10年前と比べて、長時間開所している施設の割合が増えている。

　「保育所における保育時間は、1日につき8時間を原則とし、その地方における乳幼児の保護者の労働時間その他家庭の状況等を考慮して、保育所の長がこれを定める」（児童福祉施設の設備及び運営に関する基準第34条）とされている。しかし、現実的には、保護者の勤務時間や送り迎えに要する時間を勘案したり、保護者の要望を受けたりして、開所時間が延びる傾向にあり、近年は保育所等の8割が11時間を超える開所時間を設定している。保護者は、その保育所等の開所時間の範囲内で保育時間（利用する時間）を決めることになり、なかには、開所時間をフルに利用する人もいる。

　図表13-2は、幼保連携型認定こども園における子どもの生活時間の例である。1号認定の子どもの降園時刻は早く、2号、3号認定の子どもは遅い時間の降園となる。保育短時間（8時間利用）と保育標準時間（11時間）によっても降園の時間

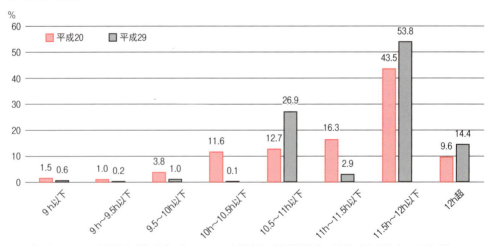

図表13-1　保育所等の開所時間ごとの施設の割合

注：平成20年は22,898か所（保育所の数）、平成29年は27,137か所（保育所、幼保連携型認定こども園、保育所型認定こども園の数）
資料：「社会福祉施設等調査報告」各年より作成.

図表13-2 幼保連携型認定こども園における子どもの生活時間の例

注：子どものための教育・保育給付にあたって、子ども・子育て支援法第19条の規定により、子どもは次の3つに分けられます。
　「1号認定」…満3歳以上の小学校就学前子どもで、次の2号認定に該当する子どもを除いた子ども。
　「2号認定」…満3歳以上の小学校就学前子どもであって、保護者の労働または疾病その他の事由により保育を必要とする子ども。
　「3号認定」…満3歳未満の小学校就学前子どもであって、保護者の労働または疾病その他の事由により保育を必要とする子ども。

　は異なり、一時預かりや延長保育を利用すればさらに在園時間は長くなる。このように、1つの園のなかでは、子どもの生活時間がそれぞれ異なり、子どもの数が時間の経過とともに変わっていくのである。このような変化に応じて、時間を追って保育室を変えていったり、配属する保育者の数を変えていったりする工夫を行っているところもある。そのなかでは、子どもの心身の疲れを考慮して、ゆっくりとくつろげる環境を設けているところもある。自ずと異年齢の交流が行われる時間や空間となっているところもある。

　保育所保育指針（以下、保育指針）には、「保育所は、子どもが生涯にわたる人間形成にとって極めて重要な時期に、その生活時間の大半を過ごす場である」（第1章（総則））とあるように、文字どおり、子どもは長時間にわたって保育所で生活するのである。

　したがって、保育の方法においては、「子どもの生活のリズムを大切にし、健康、安全で情緒の安定した生活ができる環境や、自己を十分に発揮できる環境を整えること」（第1章（総則））、保育の環境においては、「保育室は、温かな親しみとくつろぎの場となるとともに、生き生きと活動できる場となるように配慮すること」（第1章（総則））は、長時間の保育にとって、一人ひとり子どもの心身の健康と生活のリズムを保つ観点から、特に大切な配慮事項となってくる。

延長保育事業について

　2015（平成27）年4月の子ども・子育て支援新制度のスタートとともに、延長保

育事業は子ども・子育て支援法第59条第2号に基づく地域子ども・子育て支援事業の1つに位置づけられて実施されている。

その目的は、「就労形態の多様化等に伴い、やむを得ない理由により、保育時間を延長して児童を預けられる環境が必要とされている。こうした需要に対応するため、保育認定を受けた児童について、通常の利用日及び利用時間帯以外の日及び時間において、保育所、認定こども園等で引き続き保育を実施することで、安心して子育てができる環境を整備し、もって児童の福祉の向上を図ることを目的とする」（「延長保育事業実施要綱」平成27年7月17日雇児発0717第10号）とされている。

この事業により、延長保育を受けた際には、保護者が支払うべき延長保育（時間外保育）の費用の全部または一部の助成が行われるが、対象となる子どもは、民間の保育所や認定こども園のほか、小規模保育事業所や事業所内保育事業所、家庭的保育事業所を利用する子どもとされている。平成28年度（3月31日時点）は、2万5087か所（公営を含む）で実施されており、前年度と比べて約1800か所増加している。

2. 長時間の保育に求められる保育者の配慮

保育指針では、長時間の保育について複数の言及がなされている。例えば、第1章（総則）「3　保育の計画及び評価」において、次のように示されている。

> カ　長時間にわたる保育については、子どもの発達過程、生活のリズム及び心身の状態に十分配慮して、保育の内容や方法、職員の協力体制、家庭との連携などを指導計画に位置付けること。

長時間にわたる保育については、特に子どもの心身の健やかな発達を保障できるよう様々な配慮が必要である。指導計画の作成とその実践に当たっては、子どもの生活の連続性を考慮し、担当する複数の保育士等が一日の保育の流れを把握した上で、子どもにふさわしい対応ができるよう、保育のねらいや内容等について理解を共有して取り組むことが重要である。また、引き継ぎの際には職員間での情報の伝達が適切に行われるよう心がけ、子どもや保護者が不安を抱くことのないよう十分に配慮しながら関わっていくことが必要である。

長時間にわたる保育によって子どもに心身の負担が生じることのないよう、家庭的でゆったりとくつろぐことができる環境を整え、子ども一人一人の発達に応じた関わりが求められる。特に、保育が終わりに近づく時間には、一日の疲れや保護者を待つ気持ちを保育士等が受け止めながら温かく関わり、落ち着いて過ごせるようにすることが重要である。

また、家庭との連携を密にし、保護者の状況を理解し心身の状態に配慮しながら、子どもの生活の様子や育ちの姿を伝え合い、子どもの思いや一日の生活の全体像について理解を共

Step1 レクチャー

> 有することが求められる。延長保育や夜間保育で食事や補食を提供する場合には、子どもの生活のリズムを視野に入れながら、一日の食事の時間や量・内容などについて、保護者と情報を交換することが必要である。
>
> 厚生労働省編『保育所保育指針解説』（フレーベル館，2018 年）

　乳児は体力的にも未熟な存在であるため、保育時間が長くなると甘えたり、ぐずったりなどの行動が多くなる。保育所等で長時間にわたって過ごす子どもについては、心身の健やかな発達を保障できるようなさまざまな配慮が必要である。特に延長保育や夜間保育の場合は、通常の保育との関連（人的・物的環境の違い）やバランスを考慮して、家庭的でゆったりとくつろげる環境や保育者の個別的なかかわりなど、子どもが不安や負担を感じることなく落ち着いて過ごせるように環境を整えていくことが必要である。

　子どもが保育所等で長時間にわたる1日を安心して楽しく過ごすためには、すべての職員が協働するなかで、長時間にわたる保育のねらいや内容等を共有し、また、日々の活動や体験、けが・体調・食欲・機嫌など健康面や情緒面での通常との違い等についてのきめ細かな引き継ぎが最も大切となる。担任以外の保育者による保育が行われる場合は、ミルクの調乳方法やおやつの把握、食物アレルギー児への対応にも細心の注意を払うことが求められる。さらに、延長保育や夜間保育は異年齢児混合保育となることから、少人数で遊べるコーナーや玩具を用意し、けがや事故の予防にも気をつけなければならない。

　このような配慮が求められる一方で、高嶋景子は、幼稚園における預かり保育を例に、そこでの保育は「異なる状況で異なる相手とかかわる場」の可能性を秘めているととらえている[*1]。つまり、子どもたちにとっては、通常と違う状況において、かかわる相手や遊びが変わることで次の新しい変化をもたらしていくきっかけとなることがあるということである。また、子どもだけでなく、保育者や保護者にとっても、自分の知らない新しい子どもの姿と出会い、自分の保育や子育てを振り返っていくためのきっかけにもなるのである。

　長時間の保育は、子どもの心身の疲れに配慮することが大切であるが、その場その場で見せる子どもたちの様子を把握する時間でもあり、このような情報も職員相互に共有することが望ましいといえるだろう。

　さらに、長時間の保育では、保護者との信頼関係と連携がとても大切である。降園時には、担任保育者からの連絡（伝達事項）をはじめ、子どもの1日の様子や育

---

*1　高嶋景子「幼稚園での預かり保育」『発達』No.111, Vol.28, p.76, 2007.

ちの姿などを伝え、1日の全体像についての理解を共有することが重要となる。つまり、口頭や連絡帳での伝達は、保育所等の生活リズムを家庭に引き継いでもらい、子どもの1日24時間の生活を保障することにつながるのである。

3. 夜間保育について

　夜間保育事業は、1981（昭和56）年にモデル的事業としてはじめられた。当時の厚生省の通知には、「保育所における夜間保育については、児童の心身に与える影響等を考慮し、従来実施していなかつたところであるが、近年の婦人就労の多様化に伴い夜間保育に対する需要が増加し、いわゆるベビーホテルの利用を招来している実態がみられるところから今般新たな試みとして別紙の『夜間保育事業実施要綱』によりモデル的に夜間保育事業を実施することとした」とあり、女性の労働形態の多様化に伴う需要の変化という背景があった。当時の要綱では、「夜間、保護者の就労等のため保育に欠ける児童であって、保育所での受入れが真に止むを得ないものと認められる者を措置するものとすること」「保育時間は概ね8時間とし、おおよそ午後10時までとすること」とされていた。

　その後、1995（平成7）年からは、これまでのモデル事業から正規事業として位置づけられ、現在は、2000（平成12）年に通知された「夜間保育所の設置認可等について」により実施されている。現在は81か所（公営1、民営80。2017（平成29）年4月1日現在）で行われている。開所時間はおおむね11時間とし、おおよそ午後10時までとされているが、午前の登所（登園）から夜にかけて保育する形態や、深夜にまで延長する形態など利用者のさまざまな要望に応じる形で保育が行われている（図表13-3）。すなわち、夜間保育所は、家庭状況や勤務形態などそれぞれの事情を背景に、保育ニーズの受け皿としての役割を果たしている。

　夜間保育所では、図表13-3に示すように、子どもの生活時間帯が遅くなることから、夕食、入浴（夏の時期）、就寝といった昼間の保育所等では行わない保育のプログラムがある。保育の内容では、好きな遊びを行ったり、絵本を読んでもらったり、テレビを見たりと、くつろいだ雰囲気のなかで行われるのが一般的である。情緒の安定を図りつつ、夕食をとって就寝に向かうという安定した生活リズムと習慣を身につけることが夜間保育の基本であるといえる。

　夜間保育では、養護（生命の保持と情緒の安定）にかかわる内容が大切である。ちょうど甘えたい時期の子どもであり、抱っこしてもらうと安心して泣き止むというケースも少なくない。保育者は子どもに寄り添うことを心がけ、できるだけ家庭

Step1 レクチャー

的な雰囲気で生活できるようにすることが大切である。また遊びの時間も取り入れ、子どもがさまざまな遊具で好きな遊びを楽しめるような工夫も必要である。

夜間保育では、保護者との情報の共有が非常に重要となる。**図表13-4**は、ある夜間の認定こども園の連絡帳の一部である。24時間の時系列型の書式になっているのが特徴であり、深夜に帰宅した後、家でどのような生活スタイルであったのかが把握できるようになっている。体温、ミルク（食事）の量、排泄、遊び、機嫌、通院、与薬など、園と家それぞれの場所での子どもの様子について保育者と保護者が情報共有し、その日の保育の留意点をお互いに確認することが大切である。

またその留意点を保育者全員が把握することが肝要であり、保育者が夜の保育の勤務に交代する場合には、引き継ぎを的確に行うとともに、保護者にはその日の子どもの様子を的確に伝えることが求められる。とりわけ、体調の変化に留意することが必要であり、熱が高めのときなどは保護者に早めの迎えを要請することも検討する。子どもの体温の変化の状況を把握し、24時間体制の医療機関を紹介することも必要である。これらは夜間を担当する保育者の大切な役割である。夜間保育では、これを利用している保護者の仕事に対する理解をしつつ、子どもの生活リズムを第一に考え、保護者には園とともにそのリズムを整えていくことへの協力を求める努力が大切となる。

図表13-3　夜間の認定こども園における1日の生活の流れの例

3号認定	順次登園	昼食	午睡	おやつ	遊び		夕食	着替え・歯みがき	就寝順次降園	延長保育	
	11:00	12:00	13:00	15:00	16:00	17:00	17:30	18:00	19:00	20:00	22:00	25:00
2号認定	順次登園	昼食	活動　おやつ		遊び		夕食	着替え・歯みがき	就寝順次降園	延長保育	

図表13-4　夜間の認定こども園における連絡帳の例（一部分）

時刻	18	19	20	21	22	23	0	1	2	3	4	5	6	7	8	9	10	11	12	13	14	15	16	17
睡眠																								
入浴																								
排便																								
食事																								
薬																								
その他																								

Step 2

> **演習** 長時間の保育の子どもにはどのような配慮が求められるか考えてみよう。また、その保護者との情報共有のあり方について考えてみよう

課題

① 以下の保育所保育指針第1章（総則）およびその解説を読んで、長時間の保育の子どもに求められる援助や配慮について考える。
② その子どもの心身の健やかな発達を支えるために、職員同士でどのような情報の共有や協力体制が必要か考える。
③ その子どもの心身の健やかな発達を支えるために、家庭とどのような情報の共有や協力体制が必要か考える。

進め方

保育所保育指針およびその解説を読んで、特に下線を付した部分について、**Step 3** を参考に、**図表13-5**のワークシートにそって考えられる援助や配慮を記入する。記入に際しては **Step 3** も参考にする。それをもとにグループで話し合ったり、発表したりする。

留意事項

- 子どもの年齢によって援助や配慮の内容が変わってくる。3歳未満児の場合と3歳以上児の場合、あるいは、混合の年齢構成の場合などに分けて考えてみよう。
- 長時間保育を担当する保育者は担任保育者とは限らない。担当する保育者が代わることも想定して職員相互の情報共有の工夫について考えてみよう。
- 家庭との協力体制という点では、施設長が保護者に直接話をしなければならない場合もある。長時間の保育についての施設長の役割や出番についても考えてみよう。

Step2 プラクティス

> 保育所保育指針　第1章　総則
> 2　養護に関する基本的事項　(2)　養護に関するねらい及び内容　イ　情緒の安定　(イ)内容
>
> ④　一人一人の子どもの生活のリズム、発達過程、保育時間などに応じて、活動内容のバランスや調和を図りながら、適切な食事や休息が取れるようにする。

　保育所で長時間過ごす子どもは、就寝時刻が遅くなりがちになる[①]ことがある。一人一人の子どもが、乳幼児期の子どもにふさわしい生活のリズムの中で、心身の健やかな発育・発達を支える上で必要となる食事や適度な休息をとる観点[②]から、保育士等は子どもの生活全体を見通し、家庭と協力しながら心身の状態に応じて適切に援助していくことが大切である。

　保育所では、いつでも安心して休息できる雰囲気やスペースを確保し[③]、静かで心地よい環境の下で、子どもが心身の疲れを癒すことができるようにする。また、午睡は、子どもの年齢や発達過程、家庭での生活、保育時間といったことを考慮し、それぞれの子どもが必要に応じて取るようにすることが大切である。子どもの家庭での就寝時刻に配慮して、午睡の時間や時間帯を工夫し[④]、柔軟に対応する。

　一日の生活全体の流れを見通し、発散・集中・リラックスなど、静と動の活動のバランスや調和を図る[⑤]中で、一人一人の子どもが適切に食事や休息を取れるようにすることが重要である。

厚生労働省編『保育所保育指針解説』(フレーベル館, 2018年, p.37)

図表13-5　長時間の保育における配慮

保育所での生活の場面	子どもに対する保育者の援助や配慮	職員間の情報共有・協力体制	家庭との情報共有・協力体制
①その子どもの就寝時刻が遅くなりがちになることがわかった。			
②長時間の生活のなかで、食事や適度な休息をとる必要がある。			
③いつでも安心して休息できる雰囲気やスペースを確保する。			
④子どもの家庭での就寝時刻に配慮して、午睡の時間や時間帯を工夫する。			
⑤静と動の活動のバランスや調和を図る保育を行う。			

第13講　長時間の保育

Step3

1. 長時間の保育における保育者の援助や配慮について

　長時間の保育を受ける子どもたちは、延長保育の時間になると通常保育の保育室から延長保育の保育室へと移動して3歳以上児もしくは3歳未満児の異年齢集団でまとまって過ごし、さらに子どもの人数が少なくなると1つの保育室に集まってお迎えを待つという形態をとることが多い。保育所の生活は全般的に家庭的な雰囲気を大切にしているが、長時間の保育では、通常保育の時間以上に家庭的でくつろげる環境が必要である。少しずつ友達が帰宅していく状況のなかで、残された子どもたちがさびしい気持ちや甘えたい気持ちになることは容易に推察できる。そのような子どもたちには、甘えを受け入れてくれ、安心して頼れる保育者が心の支えとなるであろう。ゆったりとした家庭的な雰囲気のなかで、安心して休息をとることのできる保育者との関係を築くことができる配慮を心がける必要がある。

　また長時間の保育では、夕方、食事の提供を行う園もある。一人ひとりの子どもの発育・発達状況とアレルギーの有無など、担当するすべての保育者が子どもの情報を共有し、一人ひとりにふさわしい対応ができるよう配慮することが求められる。

　長時間の保育の対象となる子どもの保護者は、夜遅くまで働いていることが多く、保護者の生活に合わせて子どもの生活リズムも夜型になる傾向がある。子どもにふさわしい生活リズムを保護者とともに心がけていくことや、「生活リズムを整える」ことを保護者にも納得してもらうことが大切である。その際、子どもの生活リズムを尊重したいという気持ちをもってはいても、仕事や生活との関係で生活リズムを整えられないという保護者の苦しい心境を受け止めることも重要である。

　遊びについて、長時間の保育での遊びは異年齢の遊びが多くなるが、さまざまな年齢の遊びに刺激を受けながら、子どもが自分からやりたいと思うことを実現していくことを保障することが求められる。そして、異年齢との遊びが翌日の通常保育につながっていくよう配慮することも重要である。

2. 職員間の情報共有・協力体制について

　長時間の保育では、時間帯によって保育者が替わるため、子どもの状況や連絡事項等について引継ぎが重要である。長時間の保育も正規職員が担当することが望ましいが、近年の保育士不足の状況ではパート職員が担当する園が多くなっているため、通常保育の職員との連携が難しいのが現状である。しかし、通常保育担当の保育士と長時間保育担当の保育士が連携・協力して適切に連絡事項等の引き継ぎをし、

長時間の保育の内容についても一緒に考えることが望まれる。

　長時間の保育では、異年齢児が縦割りで過ごすことが多くなり、通常保育の時間と友達関係が変化する。人間関係が広がり、通常保育の時間にはみられない子ども同士のかかわりがみられることも多い。例えば、通常保育では活発で乱暴な行動をとりがちな子どもが、長時間の保育では年下の子どもに優しく接する場面もよくみられる。長時間の保育担当の保育者は、そのようなふだんとは異なる子どもの姿を、通常保育担当の保育士に伝え、多面的な子ども理解につなげることが重要である。

3. 家庭との情報共有・協力体制について

　保護者一人ひとりの家庭状況や就業状況、性格や特徴など、子ども同様保護者もさまざまである。保護者の個性を理解し、その保護者に合った伝え方や、内容に応じた伝え方をする必要がある。例えば、通常保育時にけがをした場合などには、長時間保育担当保育士がメモを片手に状況を伝えるより、直接通常保育担当保育士が保護者の迎えを待って具体的に状況を伝えるほうが保護者に誠意が伝わるであろう。また、園長、主任などと連携し、伝える内容によってどの職員が伝えるとよいか、判別して対応することも有効である。

　また保育者は、「お母さんの応援団」という立場で保護者とかかわり、急いで迎えに来る保護者の気持ちに寄り添いながら、保護者の子育てを応援しているという気持ちを伝えるようにする。園での子どものほほえましいエピソードやかわいい言葉・しぐさなどを伝え、仕事で疲れている保護者が元気になるような言葉かけを心がける。家庭では喧嘩ばかりしている兄弟も、園では頼り合える存在であり、上の子が下の子にやさしくかかわっている姿も多くみられる。そのような姿を保護者に伝え、子どもへの理解を広げるようなかかわりも有効である。保護者の心身の状態が子どもに与える影響が大きいため、保護者が元気になるような配慮が大切である。

　子どものみせる姿は、通常保育、長時間の保育、家庭での生活で、それぞれ違っている。それぞれに違うそれぞれの場面の子どもの姿を、通常保育担当保育士、長時間保育担当保育士、家庭で共有することが大切である。保護者も、保育所職員も、地域の人たちも巻き込んで、「みんなで子どもを育てる」という雰囲気を社会全体に醸成することが、これからの時代に求められる「子どもを育む環境」となる。

参考文献

- 民秋言（主任研究者）ほか「長時間保育における乳幼児の心身に及ぼす影響及び保育所処遇の在り方に関する研究」平成10年度厚生科学研究費補助金研究，1999.
- 待井和江・福岡貞子編『乳児保育 第9版』ミネルヴァ書房，2015.
- 日本保育学会編『保育学講座3 保育のいとなみ――子ども理解と内容・方法』東京大学出版会，2016.
- 石川昭義・松川恵子編『保育内容総論 第2版』中央法規出版，2017.
- 厚生労働省編『保育所保育指針解説』フレーベル館，2018.
- 厚生労働省「各自治体の多様な保育（延長保育、病児保育、一時預かり、夜間保育）及び障害児保育の実施状況について」 https://www.mhlw.go.jp/stf/seisakunitsuite/bunya/0000155415.html
- 全国夜間保育園連盟「夜間保育」 http://east.tegelog.jp/index.php?catid=500&blogid=34

COLUMN　保育所等の役割と機能

　保育所等の使命は、図表13-6のように、①「子どもの保育を受ける権利の保障」と②「保護者の就労時間の保障」つまり保護者の勤務時間＋通勤時間内で子どもの保育を保障することにある。そして、その使命を果たすために必要となる③「保育者の労働や研修の保障」を加えた3つのことをいかにバランスよく進めていくかが重要となる。例えば、保護者の就労保障を最優先にするためには保育時間の大幅な延長を図らねばならず、そうなると保育者の労働時間や仕事量が過重になることは必至である。また子どもの保育や処遇向上を求めることを強調すると、保育はいきおい短時間保育の傾向になり、保護者の就労時間が確保しづらくなる。さらに保育者の労働時間や研修の保障を最優先にすると、保護者の就労と子どもの処遇のいずれも十分な保障が困難になる。

　つまり、❶〜❸のどれかに偏ることなく、正三角形の構図を常に維持していくことが、保育所に求められている役割であるといえる。そのためには保育所等の力だけでなく保護者や行政の援助が必要である。そして、施設側と保育者、保護者も互いに権利を保障できる関係づくりに努めていくことが肝要である。

（小笠原文孝）

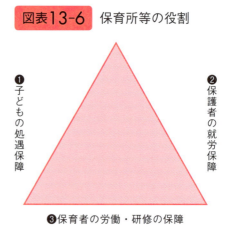

図表13-6　保育所等の役割

❶子どもの処遇保障
❷保護者の就労保障
❸保育者の労働・研修の保障

第14講

特別な配慮を要する子どもの保育

教育や保育の領域では、「特別な配慮を要する子ども」とは、心身に何らかの障害をかかえている子どもを指すことが多い。本講では、障害、特に発達障害のある子どもに対する保育のポイントを概説する。Step1では障害の概要を説明するとともに、応用行動分析に基づく障害のある子どもへのはたらきかけ方の基礎を述べる。Step2では行動のABCや課題分析を演習形式で学ぶ。Step3では子どもの行動の記録の仕方について解説する。

Step 1

1. 障害とは何か

障害のモデル

　私たちは「障害」という言葉から、単純に「〜できない状態」を連想することが多い。しかし、医学や福祉、教育の領域では障害を複数の視点からとらえることが一般的である。世界保健機関（WHO）では、障害を多面的に理解するためにこれまで2つのモデルを提唱している。1980（昭和55）年に示された国際障害分類（ICIDH）では、障害を「機能障害（Impairment）」「能力障害（Disability）」「社会的不利（Handicap）」の3つのレベルでとらえることが提唱されている（**図表14-1**）。病気やけがなどによる心身のはたらき（機能）の低下や、機能を生み出す器官の喪失が「機能障害」であり、それが原因で生じる生活を送るうえでの実際的な困難さ・不自由さが「能力障害」である。そして、「機能障害」や「能力障害」によって生じる、社会参加（例えば、進学や就職など）をするにあたってのさまざまな不利益が「社会的不利」である。この3つの総和が、その個人がかかえる「障害」であるとしている。

　この国際障害分類を修正・拡充した現在のモデルが、2001（平成13）年に出された国際生活機能分類（ICF）である（**図表14-2**）。名称にある生活機能とは、「人が生きる」こと全体を説明する言葉であり、3つのレベルで人は生きることを想定している[*1]。モデルのなかでは、「心身機能・身体構造（Body Functions and Structures）」「活動（Activities）」「参加（Participation）」の3つの要素を合わせたものをいう。「心身機能・身体構造」とは、生物レベルで人が生きることを表すものであり、「活動」とは日々の生活を送るのに必要な具体的な行動を行うレベルで生きることを意味する。そして「参加」とは、社会の一員として人生を生きるレベルと位置づけられている。つまり国際生活機能分類では、国際障害分類における障害の3つのレベルが、問題なくうまく機能している状態を前提に生活機能として組み込まれているのである。

　国際生活機能分類においても、障害を3つのレベル（生活機能のそれぞれのレベルにおける困難を「機能障害」「活動制限」「参加制約」と表現する）で理解する点は国際障害分類と同様である。しかし、それぞれのレベルの障害は、それぞれのレベルで生活機能の一部に困難がある状態ととらえる。つまり障害があっても、そう

---

*1　上田敏『ICF（国際生活機能分類）の理解と活用』萌文社, pp.15〜18, 2005.

図表14-1 国際障害分類（ICIDH）

出典：厚生省仮訳「WHO 国際障害分類試案」厚生統計協会，1984．

図表14-2 国際生活機能分類（ICF）

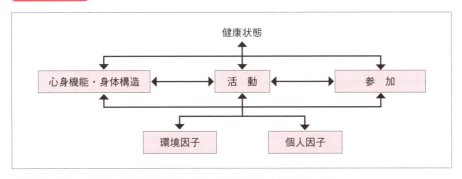

出典：障害者福祉研究会編『ICF 国際生活機能分類——国際障害分類改定版』中央法規出版，2002．

でないプラスの部分が多々その個人のなかに存在することを強調している。また国際生活機能分類は、そのモデルに示された諸要素が互いに影響を与え合うことを、双方向の矢印で明らかにしている。そして個人を取り巻くさまざまな環境（環境因子）や、その個人の個性（個人因子）が生活機能と関連し合うことを示している点が、国際障害分類との大きな違いといえる。

障害のある子どもの保育は、その子どもの「活動」のレベルへのアプローチととらえることができる[*2]。適切なはたらきかけを考えるためには、その子どもの「心身機能・身体構造」の状態を理解することが必要であることが、先に述べたモデルから読み取れる。また適切な保育が、その子どもの「活動」とともに、「心身機能・身体構造」の向上に結びつくことも予測できるだろう。加えて、日々の保育がその子どもの「参加」（例えば、就学）に大きく関与することや、「参加」における決定（例えば、通常学級への就学か、それとも特別支援学校への就学か）が、その子どもの「活動」や「心身機能・身体構造」に影響を与えることなども、モデルを通して気づくことができるだろう。

---

*2　伊藤健次編『新・障害のある子どもの保育 第3版』みらい，pp.14〜15，2016．

発達障害

　2004（平成16）年に制定された発達障害者支援法においては、発達障害とは「自閉症、アスペルガー症候群その他の広汎性発達障害、学習障害、注意欠陥多動性障害その他これに類する脳機能の障害であってその症状が通常低年齢において発現するもの」とされている。発達障害のある子どもとは、これらの障害により日常生活や社会生活を営むことに困難を示すとともに、生活経験を通してなされるさまざまな技能習得に問題をかかえやすい子どもと考えることができる。発達障害に含まれる具体的な障害の種類については、複数の意見が存在するのが現状である。アメリカ精神医学会が2013年に出版した「精神疾患の診断・統計マニュアル第5版（DSM-5）」[*3]においては、神経発達症群／神経発達障害群という名称で、以下の7つの障害グループが設定されている。

---
① 　知的能力障害群
② 　コミュニケーション症群／コミュニケーション障害群
③ 　自閉スペクトラム症／自閉症スペクトラム障害
④ 　注意欠如・多動症／注意欠如・多動性障害
⑤ 　限局性学習症／限局性学習障害
⑥ 　運動症群／運動障害群
⑦ 　他の神経発達症群／他の神経発達障害群

　発達障害の現れ方は、大きく3つ存在する[*4]。1つは「発達の遅れ」であり、同年齢の子どものほとんどができる活動ができない、という姿で現れる。2つめは、その子どものなかの行動や認知機能の発達の極端なアンバランスさを意味する「発達の偏（かたよ）り」である。最後は、通常の発達においては現れることのない特異的な行動のパターンが繰り返し現れる「発達の歪（ゆが）み」である。これらの特徴が発達の特定の領域に現れ、ときに混在し、それぞれの障害を特徴（とくちょう）づけることになる。

2. 応用行動分析

　障害、特に発達障害のある子どもへのはたらきかけの方法として成果を上げてい

[*3] 日本精神神経学会監，高橋三郎・大野裕監訳『DSM-5 精神疾患の診断・統計マニュアル』医学書院，pp.33～35，2014.
[*4] 日本LD学会編『LD・ADHD等関連用語集 第2版』日本文化科学社，pp.108～109，2006.

るものの1つが、応用行動分析である。心理学の学習理論を基礎に、人の行動をより適切なものに変化させていくことをめざすものである。ここでは、応用行動分析の基本的なキーワードを解説するとともに、障害のある子どもへの保育のあり方を述べる。

行動のABC

応用行動分析では、人の行動を個人と環境の相互作用という視点でとらえる[*5]。障害のある子どもが示すさまざまな振る舞いは、その子どもの発達状態や障害特徴と周囲の環境（物的・人的）とのやりとりのなかで形成され、維持されていると考えるのである。応用行動分析では、行動のABCという枠組みで個人と環境の相互作用を分析、理解する（**図表14-3**）。ABCとはそれぞれ、先行事象（Antecedent）、行動（Behavior）、結果事象（Consequence）の頭文字である。先行事象とは、ある行動の前にある出来事であり、行動を引き出すきっかけとなる刺激である。片づけを指示する保育者の言葉かけや、特定の遊びをうながす環境構成などが保育における例としてあげられる。また、結果事象は行動の後に起こる出来事であり、その行動の増加や維持、減少に大きな影響を与える刺激である。保育の例としては、一人で着脱衣をして保育者に褒められるなどが考えられる。

障害のある子どもの保育において、しばしば問題になるのが子どもが「望ましい行動」をしないことや、「望ましくない行動」をすることである。それに対し、行動のABCの枠組みでそれぞれを分析することによって、「望ましい行動」を増やすためのはたらきかけのヒントを得ることが可能となる。子どもが「望ましい行動」をしない状況は、それを引き出す先行事象や繰り返しさせる結果事象がともなっていない、あるいは不十分であることが考えられる。また、子どもが「望ましくない

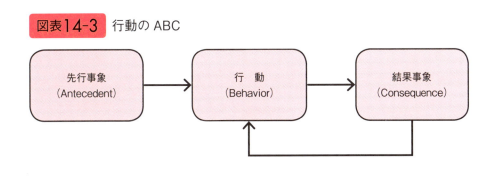

図表14-3 行動のABC

---

*5 山本淳一・池田聡子『応用行動分析で特別支援教育が変わる』図書文化社, p.11, 2005.

行動」をするのは、その行動を引き起こす出来事、刺激が存在することや、行動を維持させてしまう周囲の反応があることなどを分析により明らかにできるだろう。

強化

　行動の後に生じ、その行動を増加させる刺激のことを心理学では強化子という。保育の場面で考えるならば、保育者の褒め言葉や笑顔、注目、スキンシップ、好きな活動などが例としてあげられるだろう。子どもの特定の行動の後に、この強化子を示し、その行動が確実に生じるようにしていくはたらきかけを強化という。例えば、子どもが「望ましい行動」をしたときに、保育者が「よくできたね」と褒めることによって、子どもがより「望ましい行動」をするようになる場合に、強化が生じていると考えられる。障害の有無に限らず、強化は子どもへのはたらきかけを考えるにあたってきわめて重要な要素となる。

　子どもの行動を強化するにあたり、考慮すべき要因として即時性と随伴性があげられる。即時性とは、子どもの行動と強化の時間間隔に関することであり、この間隔が空くほど強化されにくくなる。また随伴性とは、子どもの行動と強化の一貫性のことである。同じ行動をしても強化子が与えられたり、与えられなかったりする状況では、強化は生じにくくなる。つまり、「望ましい行動」に対して素早く確実に強化子を与えることが、効果的な強化につながるといえる。加えて強化子の種類も、強化に影響を与える要因となる。子どもによって強化子の好みは異なる場合がある。また、同じ強化子が繰り返されることによって、飽きが生じてしまうこともある。その子どもにとって魅力的な刺激を複数用意し、パターン化しないように提示していくことがポイントとなる。

課題分析とスモールステップ

　幼児期は、すべての子どもが基本的な生活習慣や、社会適応の行動を獲得する時期である。そのため、障害のある子どもが「望ましい行動」をしないのは、まだ十分にその行動が子どものなかに定着していないことによる場合も多い。その際には、保育者は1つひとつその行動を教えていくことが求められる。特に、基本的生活習慣に関する行動の指導において、留意すべきキーワードとして課題分析があげられる。課題分析とは、指導する行動を時間の流れにそってより単純な行動に分解していくことである。例えば「靴を履く」といった行動ならば、「靴箱から靴を出す」→「靴をそろえる」→「片足のつま先を靴に入れる」……といった形で分けていくことになる。課題分析により、保育者は子どもに具体的にどのような行動を教えれ

Step1 レクチャー

ばよいかを明確にできる。また、現在子どもがどの行動の部分がうまくできていないのかを、明らかにすることが可能となる。

保育者は、言葉をかける、やって見せる、手を添えて一緒にやる、といった手がかりを与えながら、目標とする行動を引き出していく。この手がかりのことをプロンプトという。プロンプトを与え、行動を引き出し、強化をすることを繰り返し、少しずつ行動を定着させていくことになる。そして、確実に行動が定着した段階で徐々にプロンプトを減らし、最終的にプロンプトなしでも、子どもがその行動をするようにしていくことをめざす。課題分析によって、「望ましい行動」を単純で簡単なものにして1つひとつをクリアさせ、それらを結びつけて複雑なものにしていく。また、プロンプトがある状態から無い状態に少しずつ変えていくなど、徐々に指導の難易度を上げていくことをスモールステップという。スモールステップは、すべての子どもに共通する指導のポイントであるが、障害のある子どもにとっては特にていねいなステップ化が必要となる。

機能的アセスメント

大人の目からみれば「望ましくない行動」であっても、その子どもにとっては何らかの意味のあるはたらき（機能）をもっていることが少なくない。また、同じ「望ましくない行動」であっても、子どもによってその行動の意味が異なることもある。例えば、同じ「奇声をあげる」という行動が、ある子どもにとっては注目を得る手段である一方、他の子どもにとっては嫌なことから逃げるための手段になっている可能性がある。「望ましくない行動」の内容だけでなく、機能を把握することが適切なはたらきかけを考えるにあたって重要である。機能的アセスメントとは、行動のABCの枠組みに「望ましくない行動」を当てはめ、先行事象と結果事象との関係性からその行動のもつ意味を理解する方法である。

「望ましくない行動」へのはたらきかけはいくつか考えられるが、保育において重要になってくるのは予防である。「望ましくない行動」に対しては、起こってからどう対応するかを考えがちになるが、いかにさせないかという視点が重要となる。機能的アセスメントによって先行事象を明らかにすることが、「望ましくない行動」の予防の手がかりとなる。また、「望ましくない行動」に代替する、「望ましい行動」を指導していくことも必要である。例えば、欲しいものを手に入れるために「かんしゃく」という行動を起こしているならば、「「取って」と言う」や「欲しいものを指差す」といった、「かんしゃく」に代わるより「望ましい行動」を教えていくことが、結果として「望ましくない行動」の減少につながっていくと考えられる。

Step2

演習1 エピソードを読んで行動の ABC で分析してみよう

課題

子どもの短いエピソードを読み、そこに書かれた子どもの行動と前後の出来事を行動の ABC の枠組みに当てはめる。

進め方

（1）準備するもの

下記に示すようなエピソードと、行動の ABC の図。

（2）方法

エピソードを読んで、子どもの行動に対応する先行事象、結果事象を抜き出し、図に書き加える。

> **エピソード1**：Aちゃんが、保育室でブロックを使って遊んでいると、先生が「そろそろお片づけをしましょう。積木を箱にしまってね」とAちゃんに告げた。Aちゃんが<u>ブロックを箱に入れる</u>と、先生は「Aちゃん、ありがとう。上手にお片づけできたね」とほめてくれた。

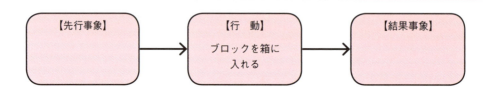

> **エピソード2**：Bくんは、保育室のなかに好きな遊具が無く、また一緒に遊んでくれるお友だちもお休みで、手もちぶさたに過ごしていた。先生が目を離したすきに<u>保育室から外へとび出す</u>と、先生があわてて「Bくん、どうしたの」と声をかけながら追いかけてきた。

Step1 | **Step2 プラクティス** | Step3

演習 2　子どもの基本的生活習慣の指導を考える手がかりとなる課題分析をやってみよう

課題

① 基本的生活習慣の行動を、できる限り細かい行動に分けて記述する。
② 子どもに1つひとつのステップを指導するときに、必要となるプロンプトを考える。

進め方

（1）準備するもの

下記にあるのは、「手を洗う」行動を課題分析したものである。これを例として提示する。

（2）方法

① 「歯を磨く」「シャツを着る」といった、課題分析をする基本的生活習慣の行動を決定する。
② 下記の例（**図表14-4**）を参考に、小さな行動に分解していく。
③ 指導に必要なプロンプトの具体例を考える。
④ 課題分析の結果とプロンプトの例を発表する。

図表14-4 「手を洗う」の課題分析の例

ステップ1　手洗い場（洗面台）に行く。
ステップ2　蛇口をひねり、水を出す。
ステップ3　水で両手を濡らす。
ステップ4　石けんを両手のひらにこすり付ける。
ステップ5　両手のひらをこすり合わせ、泡立った石けんをつける。
ステップ6　手のひらと手の甲をこすり合わせ、泡立った石けんをつける。
ステップ7　指の間をこすり合わせ、泡立った石けんをつける。
ステップ8　両手をこすりながら、水にさらして石けんを落とす。
ステップ9　蛇口を締める。
ステップ10　タオル（ハンカチ）で手をふく。

プロンプトの例
・「水を出して」「手をごしごしして」といった言葉かけをする。
・手洗い場や石けん、タオルなどを指差す。
・蛇口をひねる、手をこすり合わせるジェスチャーを示す。
・子どもの手をとって一緒に蛇口をひねる。一緒に手を洗う。

Step 3

子どもの行動の観察と記録

　子どもをよく観察する、そしてその内容を記録することは保育の大前提であり、この活動を通して保育者は子どもをより深く理解していく。しかし、障害のある子どもの行動を、より望ましいものに変えていくことを目標とする場合、保育のなかで一般的に行われるものとは少し異なる観察や記録を要することがある。以下に、応用行動分析でしばしば用いられる観察と記録の仕方を紹介する。

観察の対象となる行動の設定

　子どもの行動を観察、記録し、より適切なはたらきかけにつなげていくためには、まず対象となる行動を明確に定めることが必要となる。「友だちにやさしくする」「落ち着いて生活する」といった抽象的であいまいな表現で設定された行動を観察、記録することは非常に難しい。「友だちにおもちゃを貸してあげる」「座って先生の話を聞く」など、回数や時間を測定することが可能な具体的な行動を観察の対象にすることが重要なポイントとなる。行動が明確になることにより、客観的にそして数量的にその子どもの行動を観察し、記録することができるようになる。また、複数の人が共通理解のもとに観察と記録をすることが可能になる。

記録の仕方の例

　観察した行動の記録の仕方は、その行動の特徴やその行動にどのようなはたらきかけをしていきたいのかによって変わってくる。以下に代表的な記録の例を示す。

① 行動の ABC による記録（**図表14-5**）

　Step 1 および Step 2 で示したように、子どもの行動と周囲の状況を記述する。対象となる行動が生じたときに、行動だけでなく先行事象と結果事象も合わせて記録する。

② 回数の記録

　対象となる行動が、一定の期間（丸1日や自由遊び、食事の時間など）の間に何回生じたかをカウントする。大人からのはたらきかけの回数に対し、何回行動が生じたか、という記録の仕方もある。

③ 時間の記録（**図表14-6**）

　対象となる行動が、いつ始まっていつ終わったか（結果としてどの程度の時間持続したか）を記録する。

観察や記録を客観的、数量的に行う意義

　日々の保育のなかで、保育者はときに子どもが示す「望ましくない行動」を実際より多く見積もってしまうことがある。また、逆に子どもがしている「望ましい行動」を見逃してしまうこともある。明確な基準に基づく客観的な観察と記録は、そういった事態を避け、子どもの行動をより正確に把握することにつながる。そして数量的に子どもの行動をとらえることは、大人のはたらきかけによる行動の変化を可視化することを可能にする。指導をする前と指導中、そして指導した後を数字によって比較することで、その指導が子どもにとって適切であったかどうかを明らかにすることができるだろう。

図表14-5　行動のABCによる記録の例

対象児：Dちゃん
行動：「きーっ」と大声を上げる。

日時	先行事象	行動	結果事象
7/10	Dちゃんと一緒に遊んでいた先生が、保育室を出る。	「きーっ」と大声を上げる。	「どうしたの」と先生がやってくると、やめる。
7/11	Dちゃんのお気に入りのおもちゃで、E君が遊んでいる。	「きーっ」と大声を上げる。	先生が、「E君、Dちゃんにおもちゃを貸してあげて」と交渉し、Dちゃんにおもちゃを渡す。
⋮	⋮	⋮	⋮

図表14-6　時間の記録の例

行動：園の制服から体操着に着替える。

日時	開始	終了	かかった時間
5/23	8：40	8：55	15分
5/24	8：35	8：48	13分
5/25	8：42	8：51	9分
⋮	⋮	⋮	⋮

第14講　特別な配慮を要する子どもの保育

参考文献
- 伊藤健次編『新・障害のある子どもの保育 第3版』みらい，2016.
- R・G・ミルテンバーガー，園山繁樹ほか訳『行動変容法入門』二瓶社，2006.
- 山上敏子監『お母さんの学習室――発達障害児を育てる人のための親訓練プログラム』二瓶社，1998.
- 発達障害情報・支援センター『ペアレント・プログラム事業化マニュアル』国立障害者リハビリテーションセンター，2016.

COLUMN　ペアレントトレーニングとペアレントプログラム

　発達障害のある子どもの子育ては、その子どもの特性ゆえに困難さをともなうことが多く、保護者は子育てに対する不安やストレスをかかえやすい。これらは、ときに子どもと保護者の関係の悪化につながり、さらなる困難をもたらす場合がある。保育士等は、発達障害のある子どもの保育とともに、保護者に対するさまざまな支援をすることが求められる。

　発達障害のある子どもの保護者へのはたらきかけとして近年注目されているものに、ペアレントトレーニングがある。ペアレントトレーニングとは、本講で示した行動のABCや強化、機能的アセスメントといった応用行動分析の知見を保護者に身につけてもらい、「行動」という観点で子どもをとらえることや、子どもの適切な行動を「褒めて」増やすことができるようにしていく保護者対象の指導プログラムである。ペアレントトレーニングは、発達障害のある子どもの行動の改善や発達の促進だけでなく、保護者のストレスの軽減につながることが明らかになっている。

　また、ペアレントトレーニングを再構成・簡略化し、子どもの行動の変化ではなく、保護者の子どものとらえ方をより肯定的なものにしていくことをめざす、ペアレントプログラムも開発・普及が行われている。地域の保健師や福祉事業所の職員とともに、保育士等がペアレントプログラムの実施の担い手として、その役割が期待されている。

（楯　誠）

第15講

多文化共生の保育

　本講では、多様性を増す日本社会の現状と、子どもたちの最善の利益を保障するために必要な多文化共生の保育について学ぶ。

　Step1 では、多文化共生の保育とは何か、なぜ必要なのかを現在の日本の実情や子どもの成長・発達と併せて理解する。

　Step2 では、異文化への感受性を高めるワークに取り組み、保育者に必要な知識や資質について考える。

　Step3 では、言語的マイノリティの子どもたちへの指導や子育て支援を行ううえで重要な事項を整理する。

Step 1

1. 保育における多文化共生

多文化共生の保育とは

　多様な人々が、その人本来のあり方のまま、ともに幸せに生きることができる社会をめざす教育を、多文化共生教育と呼ぶ。そのような社会を実現するために、乳幼児期の保育ではどのようなことに配慮し、何をしなければいけないかを考え実践していくのが多文化共生の保育である。

　多文化共生教育では、多文化を国や人種の違いにとどめない見方が一般的である。広義にはエスニシティ、言語、宗教、ジェンダー、障害、経済的格差、ＬＧＢＴ（レズビアン、ゲイ、バイセクシャル、トランスジェンダー）、家族構成等を含めて考えるのが一般的である。例えばアイヌ民族や同和問題も含まれる。このように多様な概念で区別・差別される人の権利を擁護する立場から、日本では多文化共生の保育のほかに人権教育・人権保育、アンチ・バイアス教育、多文化教育、多様性尊重の教育といった名称でも取り組まれている。

文化とは何だろう

　文化という言葉は、マクロの視点で使うときは、歴史をふまえて国や特定の地域の文字・芸術・経済・社会制度・価値体系等を指す。対して、ミクロには狭い地域や集団に特有のあり方を指すこともある。その集団内では特定の言葉（若者言葉、方言、専門用語など）が使用され、共通の価値観や習慣（祭り、食事、年長者と年少者の関係、家族のあり方等）、生産活動をもつ。何らかの共通点をもつ集団について○○文化という言い方をすることもある。人種の違いや国の違いにみえることが、実は宗教の違いや、住んでいる地域の自然の制約、経済的状況の違いによって生まれていることも多い。

　このような文化の特徴を、松尾[*1]は、①変化するもの、②ハイブリッドなもの、③集団内に多様性を内包するものとしてとらえる必要があるとしている。すなわち、文化はその集団に属する人々によってつくられているものであり、時間が経つにつれて変化していくものである。そして1人が複数の文化的特徴をもっているのが常であり、100％何かであるということはない。例えば、日本人であり、娘であり、学生であり、海外からの帰国者であり、といった複数のアイデンティティをもつも

[*1] 松尾知明『多文化共生のためのテキストブック』明石書店，pp.51～52，2011.

のである。また、同じ文化に属している人々がみんな同じということはなく、「○○は、〜〜だ」と言い切ることはできない。さらに、人は変化しながら成長していくものでもある。特定の文化や人を固定的にとらえない見方が大切になる。

保育所保育指針と多文化共生の保育

保育所保育指針（以下、保育指針）の多文化共生に関係する部分には、保育全般についての配慮事項と領域「環境」および「人間関係」の内容や内容の取り扱いがある。そこでは、①一人ひとりの人権を守りながら子どもの人権に関する考え方の基礎を培うことと、②教育的なねらいとして社会のなかの多様性に気づき異文化理解の意識の芽生えが養われるようにすること、の少なくとも2つの視点から多文化共生を考える必要があると考えられている。

第1の人権を守る視点は、第2章（保育の内容）の「4　保育の実施に関して留意すべき事項」の「(1)　保育全般に関わる配慮事項」に「オ　子どもの国籍や文化の違いを認め、互いに尊重する心を育てるようにすること」「カ　子どもの性差や個人差にも留意しつつ、性別などによる固定的な意識を植え付けることがないようにすること」と示されている。

これをふまえて、一人ひとりの子どもが尊重され理解される保育を行うために、保育者はどのような専門性をもっていることが期待されているのだろうか。こうした配慮を行うには、保育者自身がさまざまな文化背景をもつ家庭や子どものあり方を認めることが前提となる。保育者の専門性の一部として、個人として互いの違いを認め尊重しあう心をもつこと、自分の性別役割意識や価値観に自覚的であること、自分のもつ固定的な意識や価値観を自覚し偏見を助長する言動を避けることといった力が必要だろう。そのためには、マイノリティの子どもが直面する困難や、文化差によって保育者側が直面しがちな課題を学んでおくとよい。乳幼児期の子どもたちが、違いをどのように認知しているのか、発達的な理解もしておく必要がある。また、マジョリティ側の日本人が偏見をもちやすい事柄は何かを知っておくことも有効である。こうした知識を基盤に、文化差や言語が異なっていても一人ひとりの子どもが育つ機会を十分に保障できるような配慮を行わなければならない。

次に、第2の教育的なねらいの視点から多文化共生保育を考える。2017（平成29）年改定の保育指針では、1歳以上3歳未満児の保育の内容・領域「人間関係」の③で「身の回りに様々な人がいることに気付」くために、多様な年代の人や障害のある人、外国人などと接するなかで、「人には皆違いがあるということを子どもが実体験として感じ取れるように支える」（保育指針解説）のが保育者の役割とさ

れている。3歳以上児の保育では、領域「人間関係」の(ウ)内容の取扱いの②にあるように、文化的な背景にかかわらずどの子どもも「保育士等や他の子どもに認められる体験をし、自分のよさや特徴に気付き、自信をもって行動できるようにすること」が肝要である。また、領域「環境」の内容やその取り扱いでは、地域社会におけるさまざまな文化や伝統に親しむ機会をもつとともに、国際理解の意識の芽生えなどが養われるようにすることが大切だとされている。

つまり、園内や地域の多様性の様態にかかわらず、どの子どももさまざまな背景をもつ人とかかわる経験をし、自分と社会とのつながりや多様性理解の意識の芽生えがもたらされるような保育内容が期待されている。言い換えれば、外国籍の子どもの適応支援を越えて、外国籍の子どもがいない場合でも将来多様な人とともに生きていく子どもたちが、多文化共生社会を築いていく力の基礎を培うようにしていかなければならないのである。この力は、同じ園に外国籍の子どもがいるいないにかかわらず、めざしていくべきものと考えられている。

2. すべての子どものための多文化共生の保育

偏見はなぜ生まれるか

「乳幼児期はまだ差別意識とかはなくて、一緒にいればなんとなく仲良くなっていくのではないか」と考える人も多いだろう。ところが、子どもたちの様子をじっくり観察していくとそうでないことがわかる。

ヒトに備わった認知能力の1つに、出会った物事の類似性からまとまりをつくり、まわりの世界を理解しやすくするしくみがある。例えば、1歳前後の子どもが、「ニャンニャン」という音声を白いネコや白い毛のぬいぐるみと結びつけた後、2か月後には4本足で動き回る白いものを「ニャンニャン」と呼んだりする。そうしたまとまりに名前をつけていく過程が言語習得の過程でもある。つまり、子どもたちは乳児期から「違い」を認識する力があるということでもある。

その違いは本来ニュートラルなものであるが、日々の経験やさまざまなきっかけをもとに価値観が形作られていく。私たちは生まれてきた家庭、地域、社会のなかで育つ存在である。身近な家族のものの見方や価値観を学びながら成長していく。子どもの違いの認識にどのような意味がともなうかは、経験の影響によるのである。つまり、周囲の大人の行動やちょっとした一言で子どもの物の見方が形作られ、偏見の芽（前偏見）が生まれていく。

図表15-1 差別のさまざまな表れ方

出典：York, S., *Roots and Wings, Revised Edition: Affirming Culture in Early Childhood Programs*, Redleaf Press, 2003. を筆者訳

偏見を生まないために

周囲の大人も、家族や学校・育ってきた社会の仕組みから、また読んできた本やその他のメディアの情報のなかで、その価値観を取り込みながら成長してきた[*2]。だから、どの大人も自分がもっている価値観を見直しながら、子どもたちに接していく必要がある。違いの認識に、間違っている、あるいは偏った意味づけがなされるとき、それが偏見となり、そこから否定的な感情が生まれるようになる[*3]からである。否定的な感情をともなう偏見は差別になり、人を傷つける（**図表15-1**）。注意するべきは、この図の言語的差別のように一見受動的で害が少ないと思いがちな行為も、能動的身体的行為と同じように人を傷つけるということだ。

だからこそ、子ども集団のなかで起きている前偏見をそのままにしてはいけないのである。間違った概念が定着しないよう、子どもたちの発達や状態に合った継続的なはたらきかけを考えていくことが必要になる。

移動する子どもたち

国境を越えて人が移動するのが当たり前の時代になり、2つ以上の国を移動しながら育つ子どもたちに出会うことも珍しくない。大都市圏では10組に1組は国際結婚であるという。「外国籍」「外国人」の子どもたちだけではなく、外国で暮らして日本に戻ってきた「日本人」家庭の子どもたち、「外国籍」でも日本で生まれ育った2世、3世である子どもたちもいる。複言語、複文化で育つ子どもたちの自己実現を支援するうえで、保育所等が果たす役割は大きい。

[*2] 内田千春「大垣市プレスクール事業を通して見る多文化保育の現状と課題」『日本保育学会第67回大会発表論文集』2014.

[*3] York, S., *Roots and Wings, Revised Edition: Affirming Culture in Early Childhood Programs*, Redleaf Press, 2003.

Step 2

> **演習 1** 自分の住んでいる地域、育った地域を知り、自分の文化について考えてみよう

課題 1 — 1

地域にある多様性を探す。養成校のある地域、育った地域、住んでいる地域にどのような人が住んでいるのかを調べる。

進め方

（1）準備するもの

ネット検索ができる環境。コンピューター、スマートフォン、タブレット等。ディスカッション用メモ用紙、発表用用紙、マーカー、定規。出身地が異なる人が混ざっている5人前後のグループ。

（2）方法

① 市町村や都道府県のホームページで、年齢別人口、外国籍の人の割合（統計が人数だけの場合は比率を計算する）を調べる。学校に関連する統計は文部科学省ホームページも利用するとよい。事前学習課題にしてもよい。

② グループ内で調べてきたことを報告し、調べてきた地域を比較できるよう簡単なグラフや図を作成する。クラス全体に発表し共有する。

③ 発表から興味をもった市町村のホームページを検索し、日本語以外の言語にどのくらい対応しているかをみる。入園手続きなどはどのように案内されているだろうか。

④ 国際交流や地域交流イベントなどはどのようなものが行われているのか調査する。興味のあるイベントに参加し、報告し合ってもよいだろう。

課題 1 — 2

日本で生まれ育ち、自分が"普通"の日本人と思える人（多数派：マジョリティ）に対して、少数派である文化的グループをマイノリティという。"異文化"のなかで過ごすマイノリティの人たちにとって、日本文化はどのようなものかを想像する。

進め方

（1）準備するもの

Step2 プラクティス

ノート、ふせん紙、大きめの画用紙、細めのマーカー

(2) 進め方

① 個人で、日本人を説明するもの、日本文化と思うことをふせん紙に1つずつ書き出す。

② 4～5人のグループで活動。①で出てきたものを出し合い、**図表15-2**を参考にしながら、分類する。日本文化を出し合い大きめの画用紙などに三角形を書き、出てきたものが表面に現れるものと水面下のものと分類しながら書き込む。

③ 書き出したものを、壁に貼ったり机に並べたりして他のグループと比べる。

④ 今度は違うグループだった人同士で新しいグループをつくり、③で気がついたことを出し合う。文化とは何かを考える。

⑤ グループで、今まで学校のなかで自分がマイノリティであると感じたことがあるか、どのような状況のときに感じていたかを話し合ってみよう。異文化経験がある人は、自分の経験をクラスの人に話して整理してみよう。話すのが負担になる場合は、体験談や考えたことをミニレポートにするのもよい。

図表15-2 文化を表すもの

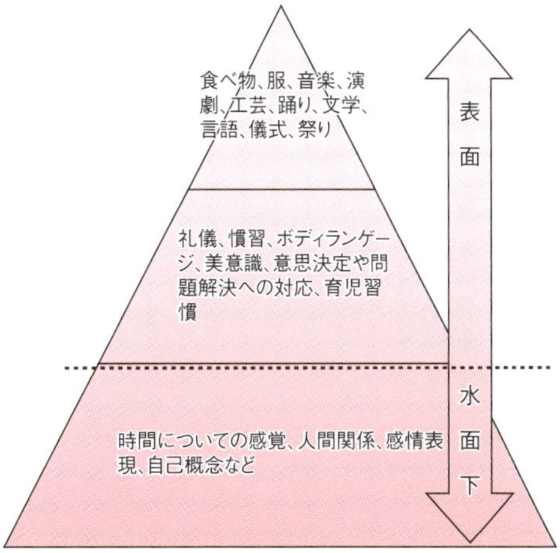

表面:
- 食べ物、服、音楽、演劇、工芸、踊り、文学、言語、儀式、祭り
- 礼儀、慣習、ボディランゲージ、美意識、意思決定や問題解決への対応、育児習慣

水面下:
- 時間についての感覚、人間関係、感情表現、自己概念など

出典：松尾知明『多文化共生のためのテキストブック』明石書店, 2011. を参考に作成

演習 2 保育所の具体的な場面で、文化的マイノリティの子どもたちがどのように日本の保育所を経験しているのか、また多様な子どもたちの集団を支えるために配慮すべきことを考えてみよう

課題 2 ― 1

日本の学校や保育所・幼稚園の文化的な特徴を考える。

進め方

(1) 準備するもの

幼稚園・保育園ガイドブック（愛知教育大学リソースルームのウェブサイトからダウンロード可能　http://www.resource-room.aichi-edu.ac.jp/）。図書館にある外国の保育所・幼稚園の資料（ニュース、書籍、ビデオ）。文部科学省初等中等教育局国際教育課が運営する「かすたねっと」の多言語の文書検索（http://www.casta-net.jp/bunsho/）の活用。

（2）方法

① 演習1をふまえて、日常の保育や学校の習慣のなかで、外国から来た人がとまどうことには何があるかを話し合う。保育所や学校でよく行われる行事で、外国の人はなじみにくいものは何があるかを考える。

② 保育所の1日のなかで、日本語がわからない子どもたちが困る場面はどんなときか想像力を駆使して考える。

③ 両親ともに日本の保育所や幼稚園になじみがない場合のためにつくられた幼稚園・保育園ガイドブック（愛知教育大学リソースルーム）をダウンロードして何が扱われているかを研究し、あらためて、①②を考えてグループに分かれて話し合う。

④ 宗教や国によって異なる習慣を調べてみる。グループごとに担当を決めて調べ、**図表15-3**を参考に他のグループと協力しながら比較表を作成する。同じ宗教のなかでの地域や宗派による違いについても注意する。作成した表を見ながら、この文化を尊重しながら保育をするときの注意事項を話し合う。

図表15-3　分類の例（枠の数は必要に応じて増減する）

	仏教	イスラム教	キリスト教	ヒンズー教
食事の仕方、決まりごと				
祝日と祝い方				
家族が集まるべき日				
子どもの頃に聞くお話				
服装				

課題2－2

以下の事例を読み、対応方針を話し合う。

Step2 プラクティス

事例

　年長の保育室にてお昼の準備のために片づけをしている時間のことである。子どもたちが片づけを終わってテーブルに早くついたグループ7人がおしゃべりをしている。
　女児Mが「明日は女の子が4人集まって片側のテーブルに座り、男の子は隣のテーブルに座ればいい」と主張する。U児が「今日は休んでいるTちゃんが明日来ると女の子5人になるよ」と言うと、M児「Tちゃんは何言ってるかわからないから男の子（のほう）でいいんじゃない」「そうだね」と言うので、保育者が「一緒にいてお話を聞いてると思うよ。一緒に座ったら？」と言うと「そうだね」と納得する。ところが、M児が「じゃあ誰が隣に座る？」と言うと、「えー私はいや」「私もいや」と決まらなくなる。男の子3人は話に入らず成り行きを聞いている。T児は、1か月前に途中入園してきた外国籍児である。

進め方

（1）準備するもの

　グループの考えを整理するためのA3かB4の紙と細めのマーカー、アイディア記録カード（画用紙を切ったもの。またはふせん紙）、国名カード（フィリピン、ブラジル、中国、アメリカ、インドネシア、ベトナム、フランス、パキスタン、その他）。

（2）方法

① 自分が保育者ならどうするかを考える。
② 4〜5人のグループに分かれて話し合う。記録係と発表係を決めておく。このとき、各グループの代表が国名カードをひきT児の国籍を決め、T児の文化背景を考える。
③ T児、M児、他の女の子たち、様子をみている男の子3人、それぞれが互いのことをどう考えているかを考える。
④ T児をみんながいやがる理由は何かをみつけるには保育者はどうしたらよいか、アイディアを記録カードに1つずつ記入する。グループで出てきたものを分類する。
⑤ グループの考え方を発表し合う。自分たちの考えに偏りはなかったかを話し合う。
　（注）上記の事例は、言葉の壁にまつわる出来事だったが、お弁当の中身が違うから等ちょっとした違いに対して、子どもたちが「回避」し「排除」（図表15-1参照）してしまうことがある。固定的な偏見に発展しないよう、はたらきかけの工夫を考えてみよう。

Step3

外国につながりのある子どもたちの言葉の育ちと就学準備

「母語」保持の重要性と子育て支援

　2つ以上の言葉がある環境で育つこと自体は珍しいことではない。「二言語相互依存仮説」によれば、1つの言語が発達すると、その言語力は2つめの言語の習得に役に立つと考えられている*4。家庭と園の両方で豊かな言語環境があれば、2つ以上の言葉の使い手として成長していくことができる（加算的バイリンガリズム）。逆に、2つめの言語を習得させるために1つめの言語を失っていくと、どちらも年齢相応の言語力に達しないダブル・リミテッドという状態になるおそれがある。家庭で話されている言語を大切にする園側の配慮が重要となる。

　「母語」には、家族の母文化を継承するために必要な言語という意義もある。主言語が日本語になっている家庭でも、大切にしたい言語や文化があるかどうかを保護者と話し合い把握しておかなければならない。さまざまなケースが考えられるので、思い込みを避け各家庭の事情を把握するよう努めたい。

　また、保育指針第4章（子育て支援）の2(2)ウに示されているように、子育て支援においても「状況等に応じて個別の支援を行うよう努める」必要がある。保護者の日本文化の理解や認識、家庭内でだれがどの言語を使用しているか、保護者の日本語力などを含めた状況把握をていねいに行っていかなければならない。

日本語を習得中の子どもへの対応で注意するべきこと

　子どもに接しているとき、無意識のうちに保育者が「日本語がわからないから無理」と思わないようにしなければならない。日本語で表現されていない子どもの力を過小評価しがちになり、その子どもへの期待が他の子どもより低くなっていくことが多い。言葉以外でもコミュニケーションをとる方法はいろいろある。その子どもの本当の力を理解するよう、言葉以外に表れるものから認知的発達を読み取り、「言葉の力」と「日本語の力」を区別して考えていかなければならない。

　逆に、日本語の発音が流ちょうになり生活の流れにそって行動できる様子から、日本語の力を過大評価することもある。流ちょうにみえても実は身振りや指示語ばかりで語彙が少ない可能性もある。この場合、日本語習得中の子どもだけではなく、すべての子ども同士の会話や保育者の言葉をチェックし、園で豊かな言語経験が保

---

*4　中島和子『バイリンガル教育の方法──12歳までに親と教師ができること 増補改訂版』アルク，2001.

障されているかという視点で検討していくと、保育全体の質の向上につながる。

　また、日本語を話している大人や仲間と"かかわりたい"という気持ちが育っていかないと、結果的に日本語に興味がもてず習得が遅れていく。そこで、受け入れ初期の段階で、保育者が子どもとの信頼関係を築く必要がある。園環境にその子が安心して過ごせなくなるようなステレオタイプ的なものはないか注意深くみておこう。同時に家庭での生活習慣と園の生活の流れのギャップを理解し、橋渡しができるよう保護者との協力関係をていねいに築いていく必要がある。

就学準備のためのプレスクール事業

　日本語が母語ではない家庭にとっては、保育所や幼稚園から小学校に進む際に、マジョリティの家庭以上にギャップを感じるものである。日本の小学校がどんなところか保護者も知らない場合もある。そのため、公立小学校入学直前に日本語が理解できない子どもが、できるだけ段差なく学校生活に順応できるよう、基本的な学校の習慣や小学校で使う日本語を学ぶプレスクール教室が各地で立ち上がっている。愛知県が、立ち上げ方や教材例を含めた実施マニュアルをまとめている。もともとは未就園のまま就学する外国籍児童のためのプログラムとしてはじまったものだが、就園児のなかにもこうした教室が必要な児童が存在する。そこで、岐阜県大垣市では、2012（平成24）年から就園児を対象にした個別巡回指導と集団指導を組み合わせたプレスクール「きらきら教室」を行っている。大垣市では、教室参加が決まった未就園児は、短期間でも就園したうえで教室に参加する。

　内田の調査[*5]によれば、日本語指導員が在籍園を訪問して行う個別巡回指導を通して、保育者が当該の子どもの言葉の発達をきめ細かくとらえ直すきっかけになったり、日本語指導員に専門的な事項を相談できるなど、保育現場に肯定的な影響があった。また、半年後行われた小学校でのフォローアップ調査では、保護者が学校に積極的に質問ができる関係が結ばれ、学校行事への参加率も高いという。プレスクールで取り組まれる活動は、日常の保育に応用できるものも多い。

　プレスクールの有無にかかわらず、日本の小学校への橋渡しとして、①子どもの日本語への興味を高め、学習者としての自己肯定感を高めていくこと、②すべての子どもたちが多様な仲間と協力して生活するなかで、互いの違いを尊重しつつ自己発揮していく楽しさを味わうことができる保育を大切にしてほしい。

---

*5　内田千春「大垣市プレスクール事業を通して見る多文化保育の現状と課題」『日本保育学会第67回大会発表論文集』2014.

参考文献

- 愛知県『プレスクール実施マニュアル』2009． http://www.pref.aichi.jp/0000028953.html（2014年11月30日閲覧）
- 内田千春「大垣市プレスクール事業を通して見る多文化保育の現状と課題」『日本保育学会第67回大会発表論文集』2014．
- 内田千春「文化的マイノリティとして育つ——アメリカに住むある日系幼児とその母親の事例を通して」『名古屋女子大学紀要』第56号（人文・社会編），pp.151-164，2010．
- 大場幸夫・民秋言・中田カヨ子・久富陽子『外国人の子どもの保育——親たちの要望と保育者の対応の実態』萌文書林，1998．
- 咲間まり子編『多文化保育・教育論』みらい，2014．
- 中島和子『バイリンガル教育の方法——12歳までに親と教師ができること 増補改訂版』アルク，2001．
- 松尾知明『多文化共生のためのテキストブック』明石書店，2011．
- 山田千明編『多文化に生きる子どもたち——乳幼児期からの異文化間教育』明石書店，2006．
- ルイーズ・ダーマン・スパークス，玉置哲淳・大倉三代子編訳『ななめから見ない保育——アメリカの人権カリキュラム』解放出版社，1994．
- York, S., *Roots and Wings, Revised Edition: Affirming Culture in Early Childhood Programs*, Redleaf Press, 2003.

※この講の論説の一部は、科学研究費（基盤研究（ｃ））の助成を受けた「文化多様性に対応するための日本型保育者・教員養成プログラムの構築」（課題番号：24531030、平成24～26年度　代表者：内田千春）の成果をもとに作成した。

COLUMN　外国籍の子どもについて

　日本には2017（平成29）年末現在256万1848人の在留外国人（ざいりゅうがいこくじん）がいる。保育所に在園する外国人児童は、市町村により統計が必ずしもとられていないことから正確な数はわからない。文部科学省の「学校基本調査」によれば、2018（平成30）年度で、公立小学校の外国人児童数は5万9094人であり、児童全体の0.92％である。外国籍の子どもが多い集住地域では全校の半数以上が外国籍児童という小学校もあれば、学校に1名という地域もある。保育所も、地域によっては各クラスに何人も在籍している場合から、何年かに一度外国籍の子どもに出会う園もあるだろう。言葉の違いから、こうした子どもたちの最善の発達を保障するためには、特別な支援が必要になる。その方法が日本ではまだ十分広まっていないのが現状である。

（内田千春）

参考資料

参考資料 平成29年改定　保育所保育指針（抜粋）

第1章　総則　　1　保育所保育に関する基本原則　　(2) 保育の目標

(ア) 十分に養護の行き届いた環境の下に、くつろいだ雰囲気の中で子どもの様々な欲求を満たし、生命の保持及び情緒の安定を図ること。
(イ) 健康、安全など生活に必要な基本的な習慣や態度を養い、心身の健康の基礎を培うこと。
(ウ) 人との関わりの中で、人に対する愛情と信頼感、そして人権を大切にする心を育てるとともに、自主、自立及び協調の態度を養い、道徳性の芽生えを培うこと。
(エ) 生命、自然及び社会の事象についての興味や関心を育て、それらに対する豊かな心情や思考力の芽生えを培うこと。
(オ) 生活の中で、言葉への興味や関心を育て、話したり、聞いたり、相手の話を理解しようとするなど、言葉の豊かさを養うこと。
(カ) 様々な体験を通して、豊かな感性や表現力を育み、創造性の芽生えを培うこと。

第1章　総則　　2　養護に関する基本的事項　　(2) 養護に関わるねらい及び内容

	ねらい	内容
生命の保持	① 一人一人の子どもが、快適に生活できるようにする。 ② 一人一人の子どもが、健康で安全に過ごせるようにする。 ③ 一人一人の子どもの生理的欲求が、十分に満たされるようにする。 ④ 一人一人の子どもの健康増進が、積極的に図られるようにする。	① 一人一人の子どもの平常の健康状態や発育及び発達状態を的確に把握し、異常を感じる場合は、速やかに適切に対応する。 ② 家庭との連絡を密にし、嘱託医等との連携を図りながら、子どもの疾病や事故防止に関する認識を深め、保健的で安全な保育環境の維持及び向上に努める。 ③ 清潔で安全な環境を整え、適切な援助や応答的な関わりを通して、子どもの生理的欲求を満たしていく。また、家庭と協力しながら、子どもの発達過程等に応じた適切な生活のリズムがつくられていくようにする。 ④ 子どもの発達過程等に応じて、適度な運動と休息を取ることができるようにする。また、食事、排泄、衣類の着脱、身の回りを清潔にすることなどについて、子どもが意欲的に生活できるよう適切に援助する。
情緒の安定	① 一人一人の子どもが、安定感をもって過ごせるようにする。 ② 一人一人の子どもが、自分の気持ちを安心して表すことができるようにする。 ③ 一人一人の子どもが、周囲から主体として受け止められ、主体として育ち、自分を肯定する気持ちが育まれていくようにする。 ④ 一人一人の子どもがくつろいで共に過ごし、心身の疲れが癒されるようにする。	① 一人一人の子どもの置かれている状態や発達過程などを的確に把握し、子どもの欲求を適切に満たしながら、応答的な触れ合いや言葉がけを行う。 ② 一人一人の子どもの気持ちを受容し、共感しながら、子どもとの継続的な信頼関係を築いていく。 ③ 保育士等との信頼関係を基盤に、一人一人の子どもが主体的に活動し、自発性や探索意欲などを高めるとともに、自分への自信をもつことができるよう成長の過程を見守り、適切に働きかける。 ④ 一人一人の子どもの生活のリズム、発達過程、保育時間などに応じて、活動内容のバランスや調和を図りながら、適切な食事や休息が取れるようにする。

第1章　総則　　4　幼児教育を行う施設として共有すべき事項　　(1) 育みたい資質・能力

ア 保育所においては、生涯にわたる生きる力の基礎を培うため、1の(2)に示す保育の目標を踏まえ、次に掲げる資質・能力を一体的に育むよう努めるものとする。
(ア) 豊かな体験を通じて、感じたり、気付いたり、分かったり、できるようになったりする「知識及び技能の基礎」
(イ) 気付いたことや、できるようになったことなどを使い、考えたり、試したり、工夫したり、表現したりする「思考力、判断力、表現力等の基礎」
(ウ) 心情、意欲、態度が育つ中で、よりよい生活を営もうとする「学びに向かう力、人間性等」

第2章　保育の内容

観		ねらい	内容	内容の取扱い
乳児保育	健やかに伸び伸びと育つ	〔健康な心と体を育て、自ら健康で安全な生活をつくり出す力の基盤を培う。〕 ① 身体感覚が育ち、快適な環境に心地よさを感じる。 ② 伸び伸びと体を動…	① 保育士等の愛情豊かな受容の下で、生理的・心理的欲求を満たし、心地よく生活をする。 ② 一人一人の発育に応じて、はう、立つ、歩くなど、十分に体を動かす。 ③ 個人差に応じて授乳を行い、離乳を進めていく中で、様々な食品に少しずつ慣れ、食べることを楽しむ。	① 心と体の健康は、相互に密接な関連があるものであることを踏まえ、温かい触れ合いの中で、心と体の発達を促すこと。特に、寝返り、お座り、はいはい、つかまり立ち、伝い歩きなど、発育に応じて、遊びの中で体を動かす機会を十分に確保し、自ら体を動かそうとする意欲が育つようにすること。 ② 健康な心と体を育てるためには望ましい食習

	領域	ねらい	内　　容	内　容　の　取　扱　い
乳児保育	健やかに伸び伸びと育つ	かし、はう、歩くなどの運動をしようとする。 ③ 食事、睡眠等の生活のリズムの感覚が芽生える。	④ 一人一人の生活のリズムに応じて、安全な環境の下で十分に午睡をする。 ⑤ おむつ交換や衣服の着脱などを通じて、清潔になることの心地よさを感じる。	慣の形成が重要であることを踏まえ、離乳食が完了期へと徐々に移行する中で、様々な食品に慣れるようにするとともに、和やかな雰囲気の中で食べる喜びや楽しさを味わい、進んで食べようとする気持ちが育つようにすること。なお、食物アレルギーのある子どもへの対応については、嘱託医等の指示や協力の下に適切に対応すること。
	身近な人と気持ちが通じ合う	〔受容的・応答的な関わりの下で、何かを伝えようとする意欲や身近な大人との信頼関係を育て、人と関わる力の基盤を培う。〕 ① 安心できる関係の下で、身近な人と共に過ごす喜びを感じる。 ② 体の動きや表情、発声等により、保育士等と気持ちを通わせようとする。 ③ 身近な人と親しみ、関わりを深め、愛情や信頼感が芽生える。	① 子どもからの働きかけを踏まえた、応答的な触れ合いや言葉がけによって、欲求が満たされ、安定感をもって過ごす。 ② 体の動きや表情、発声、喃語等を優しく受け止めてもらい、保育士等とのやり取りを楽しむ。 ③ 生活や遊びの中で、自分の身近な人の存在に気付き、親しみの気持ちを表す。 ④ 保育士等による語りかけや歌いかけ、発声や喃語等への応答を通じて、言葉の理解や発語の意欲が育つ。 ⑤ 温かく、受容的な関わりを通じて、自分を肯定する気持ちが芽生える。	① 保育士等との信頼関係に支えられて生活を確立していくことが人と関わる基盤となることを考慮して、子どもの多様な感情を受け止め、温かく受容的・応答的に関わり、一人一人に応じた適切な援助を行うようにすること。 ② 身近な人に親しみをもって接し、自分の感情などを表し、それに相手が応答する言葉を聞くことを通して、次第に言葉が獲得されていくことを考慮して、楽しい雰囲気の中での保育士等との関わり合いを大切にし、ゆっくりと優しく話しかけるなど、積極的に言葉のやり取りを楽しむことができるようにすること。
	身近なものと関わり感性が育つ	〔身近な環境に興味や好奇心をもって関わり、感じたことや考えたことを表現する力の基盤を培う。〕 ① 身の回りのものに親しみ、様々なものに興味や関心をもつ。 ② 見る、触れる、探索するなど、身近な環境に自分から関わろうとする。 ③ 身体の諸感覚による認識が豊かになり、表情や手足、体の動き等で表現する。	① 身近な生活用具、玩具や絵本などが用意された中で、身の回りのものに対する興味や好奇心をもつ。 ② 生活や遊びの中で様々なものに触れ、音、形、色、手触りなどに気付き、感覚の働きを豊かにする。 ③ 保育士等と一緒に様々な色彩や形のものや絵本などを見る。 ④ 玩具や身の回りのものを、つまむ、つかむ、たたく、引っ張るなど、手や指を使って遊ぶ。 ⑤ 保育士等のあやし遊びに機嫌よく応じたり、歌やリズムに合わせて手足や体を動かして楽しんだりする。	① 玩具などは、音質、形、色、大きさなど子どもの発達状態に応じて適切なものを選び、その時々の子どもの興味や関心を踏まえるなど、遊びを通して感覚の発達が促されるものとなるように工夫すること。なお、安全な環境の下で、子どもが探索意欲を満たして自由に遊べるよう、身の回りのものについては、常に十分な点検を行うこと。 ② 乳児期においては、表情、発声、体の動きなどで、感情を表現することが多いことから、これらの表現しようとする意欲を積極的に受け止めて、子どもが様々な活動を楽しむことを通して表現が豊かになるようにすること。
1歳以上3歳未満児の保育	健康	〔健康な心と体を育て、自ら健康で安全な生活をつくり出す力を養う。〕 ① 明るく伸び伸びと生活し、自分から体を動かすことを楽しむ。 ② 自分の体を十分に動かし、様々な動きをしようとする。 ③ 健康、安全な生活に必要な習慣に気付き、自分でしてみよ	① 保育士等の愛情豊かな受容の下で、安定感をもって生活をする。 ② 食事や午睡、遊びと休息など、保育所における生活のリズムが形成される。 ③ 走る、跳ぶ、登る、押す、引っ張るなど全身を使う遊びを楽しむ。 ④ 様々な食品や調理形態に慣れ、ゆったりとした雰囲気の中で食事や間食を楽しむ。 ⑤ 身の回りを清潔に保つ心地よさを感じ、その習慣が少しずつ身に付く。 ⑥ 保育士等の助けを借りながら、衣類の着脱を自分でしようとする。	① 心と体の健康は、相互に密接な関連があるものであることを踏まえ、子どもの気持ちに配慮した温かい触れ合いの中で、心と体の発達を促すこと。特に、一人一人の発育に応じて、体を動かす機会を十分に確保し、自ら体を動かそうとする意欲が育つようにすること。 ② 健康な心と体を育てるためには望ましい食習慣の形成が重要であることを踏まえ、ゆったりとした雰囲気の中で食べる喜びや楽しさを味わい、進んで食べようとする気持ちが育つようにすること。なお、食物アレルギーのある子どもへの対応については、嘱託医等の指示や協力の下に適切に対応すること。 ③ 排泄の習慣については、一人一人の排尿間隔

領域	ねらい	内 容	内 容 の 取 扱 い
健康	うとする気持ちが育つ。	⑦ 便器での排泄に慣れ、自分で排泄ができるようになる。	等を踏まえ、おむつが汚れていないときに便器に座らせるなどにより、少しずつ慣れさせるようにすること。 ④ 食事、排泄、睡眠、衣類の着脱、身の回りを清潔にすることなど、生活に必要な基本的な習慣については、一人一人の状態に応じ、落ち着いた雰囲気の中で行うようにし、子どもが自分でしようとする気持ちを尊重すること。また、基本的な生活習慣の形成に当たっては、家庭での生活経験に配慮し、家庭との適切な連携の下で行うようにすること。
人間関係	〔他の人々と親しみ、支え合って生活するために、自立心を育て、人と関わる力を養う。〕 ① 保育所での生活を楽しみ、身近な人と関わる心地よさを感じる。 ② 周囲の子ども等への興味や関心が高まり、関わりをもとうとする。 ③ 保育所の生活の仕方に慣れ、きまりの大切さに気付く。	① 保育士等や周囲の子ども等との安定した関係の中で、共に過ごす心地よさを感じる。 ② 保育士等の受容的・応答的な関わりの中で、欲求を適切に満たし、安定感をもって過ごす。 ③ 身の回りに様々な人がいることに気付き、徐々に他の子どもと関わりをもって遊ぶ。 ④ 保育士等の仲立ちにより、他の子どもとの関わり方を少しずつ身につける。 ⑤ 保育所の生活の仕方に慣れ、きまりがあることや、その大切さに気付く。 ⑥ 生活や遊びの中で、年長児や保育士等の真似をしたり、ごっこ遊びを楽しんだりする。	① 保育士等との信頼関係に支えられて生活を確立するとともに、自分で何かをしようとする気持ちが旺盛になる時期であることに鑑み、そのような子どもの気持ちを尊重し、温かく見守るとともに、愛情豊かに、応答的に関わり、適切な援助を行うようにすること。 ② 思い通りにいかない場合等の子どもの不安定な感情の表出については、保育士等が受容的に受け止めるとともに、そうした気持ちから立ち直る経験や感情をコントロールすることへの気付き等につなげていけるように援助すること。 ③ この時期は自己と他者との違いの認識がまだ十分ではないことから、子どもの自我の育ちを見守るとともに、保育士等が仲立ちとなって、自分の気持ちを相手に伝えることや相手の気持ちに気付くことの大切さなど、友達の気持ちや友達との関わり方を丁寧に伝えていくこと。
環境	〔周囲の様々な環境に好奇心や探究心をもって関わり、それらを生活に取り入れていこうとする力を養う。〕 ① 身近な環境に親しみ、触れ合う中で、様々なものに興味や関心をもつ。 ② 様々なものに関わる中で、発見を楽しんだり、考えたりしようとする。 ③ 見る、聞く、触るなどの経験を通して、感覚の働きを豊かにする。	① 安全で活動しやすい環境での探索活動等を通して、見る、聞く、触れる、嗅ぐ、味わうなどの感覚の働きを豊かにする。 ② 玩具、絵本、遊具などに興味をもち、それらを使った遊びを楽しむ。 ③ 身の回りの物に触れる中で、形、色、大きさ、量などの物の性質や仕組みに気付く。 ④ 自分の物と人の物の区別や、場所的感覚など、環境を捉える感覚が育つ。 ⑤ 身近な生き物に気付き、親しみをもつ。 ⑥ 近隣の生活や季節の行事などに興味や関心をもつ。	① 玩具などは、音質、形、色、大きさなど子どもの発達状態に応じて適切なものを選び、遊びを通して感覚の発達が促されるように工夫すること。 ② 身近な生き物との関わりについては、子どもが命を感じ、生命の尊さに気付く経験へとつながるものであることから、そうした気付きを促すような関わりとなるようにすること。 ③ 地域の生活や季節の行事などに触れる際には、社会とのつながりや地域社会の文化への気付きにつながるものとなることが望ましいこと。その際、保育所内外の行事や地域の人々との触れ合いなどを通して行うこと等も考慮すること。
言葉	〔経験したことや考えたことなどを自分なりの言葉で表現し、相手の話す言葉を聞こうとする意欲や態度を育て、言葉に対する感覚や言葉で表現する力を養う。〕 ① 言葉遊びや言葉で表現する楽しさを感じる。 ② 人の言葉や話などを聞き、自分でも	① 保育士等の応答的な関わりや話しかけにより、自ら言葉を使おうとする。 ② 生活に必要な簡単な言葉に気付き、聞き分ける。 ③ 親しみをもって日常の挨拶に応じる。 ④ 絵本や紙芝居を楽しみ、簡単な言葉を繰り返したり、模倣をしたりして遊ぶ。 ⑤ 保育士等とごっこ遊びをする中で、言葉のやり取りを楽しむ。 ⑥ 保育士等を仲立ちとして、生活や遊びの中で友達との言葉のやり取りを楽	① 身近な人に親しみをもって接し、自分の感情などを伝え、それに相手が応答し、その言葉を聞くことを通して、次第に言葉が獲得されていくものであることを考慮して、楽しい雰囲気の中で保育士等との言葉のやり取りができるようにすること。 ② 子どもが自分の思いを言葉で伝えるとともに、他の子どもの話などを聞くことを通して、次第に話を理解し、言葉による伝え合いができるようになるよう、気持ちや経験等の言語化を行うことを援助するなど、子ども同士の関わりの仲立ちを行うようにすること。 ③ この時期は、片言から、二語文、ごっこ遊び

（1歳以上3歳未満児の保育）

	職	ねらい	内容	内容の取扱い
1歳以上3歳未満児の保育	言葉	思ったことを伝えようとする。 ③ 絵本や物語等に親しむとともに、言葉のやり取りを通じて身近な人と気持ちを通わせる。	しむ。 ⑦ 保育士等や友達の言葉や話に興味や関心をもって、聞いたり、話したりする。	でのやり取りができる程度へと、大きく言葉の習得が進む時期であることから、それぞれの子どもの発達の状況に応じて、遊びや関わりの工夫など、保育の内容を適切に展開することが必要であること。
	表現	〔感じたことや考えたことを自分なりに表現することを通して、豊かな感性や表現する力を養い、創造性を豊かにする。〕 ① 身体の諸感覚の経験を豊かにし、様々な感覚を味わう。 ② 感じたことや考えたことなどを自分なりに表現しようとする。 ③ 生活や遊びの様々な体験を通して、イメージや感性が豊かになる。	① 水、砂、土、紙、粘土など様々な素材に触れて楽しむ。 ② 音楽、リズムやそれに合わせた体の動きを楽しむ。 ③ 生活の中で様々な音、形、色、手触り、動き、味、香りなどに気付いたり、感じたりして楽しむ。 ④ 歌を歌ったり、簡単な手遊びや全身を使う遊びを楽しんだりする。 ⑤ 保育士等からの話や、生活や遊びの中での出来事を通して、イメージを豊かにする。 ⑥ 生活や遊びの中で、興味のあることや経験したことなどを自分なりに表現する。	① 子どもの表現は、遊びや生活の様々な場面で表出されているものであることから、それらを積極的に受け止め、様々な表現の仕方や感性を豊かにする経験となるようにすること。 ② 子どもが試行錯誤しながら様々な表現を楽しむことや、自分の力でやり遂げる充実感などに気付くよう、温かく見守るとともに、適切に援助を行うようにすること。 ③ 様々な感情の表現等を通じて、子どもが自分の感情や気持ちに気付くようになる時期であることに鑑み、受容的な関わりの中で自信をもって表現をすることや、諦めずに続けた後の達成感等を感じられるような経験が蓄積されるようにすること。 ④ 身近な自然や身の回りの事物に関わる中で、発見や心が動く経験が得られるよう、諸感覚を働かせることを楽しむ遊びや素材を用意するなど保育の環境を整えること。
3歳以上児の保育	健康	〔健康な心と体を育て、自ら健康で安全な生活をつくり出す力を養う。〕 ① 明るく伸び伸びと行動し、充実感を味わう。 ② 自分の体を十分に動かし、進んで運動しようとする。 ③ 健康、安全な生活に必要な習慣や態度を身に付け、見通しをもって行動する。	① 保育士等や友達と触れ合い、安定感をもって行動する。 ② いろいろな遊びの中で十分に体を動かす。 ③ 進んで戸外で遊ぶ。 ④ 様々な活動に親しみ、楽しんで取り組む。 ⑤ 保育士等や友達と食べることを楽しみ、食べ物への興味や関心をもつ。 ⑥ 健康な生活のリズムを身に付ける。 ⑦ 身の回りを清潔にし、衣服の着脱、食事、排泄などの生活に必要な活動を自分でする。 ⑧ 保育所における生活の仕方を知り、自分たちで生活の場を整えながら見通しをもって行動する。 ⑨ 自分の健康に関心をもち、病気の予防などに必要な活動を進んで行う。 ⑩ 危険な場所、危険な遊び方、災害時などの行動の仕方が分かり、安全に気を付けて行動する。	① 心と体の健康は、相互に密接な関連があるものであることを踏まえ、子どもが保育士等や他の子どもとの温かい触れ合いの中で自己の存在感や充実感を味わうことなどを基盤として、しなやかな心と体の発達を促すこと。特に、十分に体を動かす気持ちよさを体験し、自ら体を動かそうとする意欲が育つようにすること。 ② 様々な遊びの中で、子どもが興味や関心、能力に応じて全身を使って活動することにより、体を動かす楽しさを味わい、自分の体を大切にしようとする気持ちが育つようにすること。その際、多様な動きを経験する中で、体の動きを調整するようにすること。 ③ 自然の中で伸び伸びと体を動かして遊ぶことにより、体の諸機能の発達が促されることに留意し、子どもの興味や関心が戸外にも向くようにすること。その際、子どもの動線に配慮した園庭や遊具の配置などを工夫すること。 ④ 健康な心と体を育てるためには食育を通じた望ましい食習慣の形成が大切であることを踏まえ、子どもの食生活の実情に配慮し、和やかな雰囲気の中で保育士等や他の子どもと食べる喜びや楽しさを味わったり、様々な食べ物への興味や関心をもったりするなどし、食の大切さに気付き、進んで食べようとする気持ちが育つようにすること。 ⑤ 基本的な生活習慣の形成に当たっては、家庭での生活経験に配慮し、子どもの自立心を育て、子どもが他の子どもと関わりながら主体的な活動を展開する中で、生活に必要な習慣を身に付け、次第に見通しをもって行動できるようにすること。 ⑥ 安全に関する指導に当たっては、情緒の安定

	観	ねらい	内　　容	内　容　の　取　扱　い
3　歳　以　上　児　の　保　育	健康			を図り、遊びを通して安全についての構えを身に付け、危険な場所や事物などが分かり、安全についての理解を深めるようにすること。また、交通安全の習慣を身に付けるようにするとともに、避難訓練などを通して、災害などの緊急時に適切な行動がとれるようにすること。
	人間関係	〔他の人々と親しみ、支え合って生活するために、自立心を育て、人と関わる力を養う。〕 ① 保育所の生活を楽しみ、自分の力で行動することの充実感を味わう。 ② 身近な人と親しみ、関わりを深め、工夫したり、協力したりして一緒に活動する楽しさを味わい、愛情や信頼感をもつ。 ③ 社会生活における望ましい習慣や態度を身に付ける。	① 保育士等や友達と共に過ごすことの喜びを味わう。 ② 自分で考え、自分で行動する。 ③ 自分でできることは自分でする。 ④ いろいろな遊びを楽しみながら物事をやり遂げようとする気持ちをもつ。 ⑤ 友達と積極的に関わりながら喜びや悲しみを共感し合う。 ⑥ 自分の思ったことを相手に伝え、相手の思っていることに気付く。 ⑦ 友達のよさに気付き、一緒に活動する楽しさを味わう。 ⑧ 友達と楽しく活動する中で、共通の目的を見いだし、工夫したり、協力したりなどする。 ⑨ よいことや悪いことがあることに気付き、考えながら行動する。 ⑩ 友達との関わりを深め、思いやりをもつ。 ⑪ 友達と楽しく生活する中できまりの大切さに気付き、守ろうとする。 ⑫ 共同の遊具や用具を大切にし、皆で使う。 ⑬ 高齢者をはじめ地域の人々などの自分の生活に関係の深いいろいろな人に親しみをもつ。	① 保育士等との信頼関係に支えられて自分自身の生活を確立していくことが人と関わる基盤となることを考慮し、子どもが自ら周囲に働き掛けることにより多様な感情を体験し、試行錯誤しながら諦めずにやり遂げることの達成感や、前向きな見通しをもって自分の力で行うことの充実感を味わうことができるよう、子どもの行動を見守りながら適切な援助を行うようにすること。 ② 一人一人を生かした集団を形成しながら人と関わる力を育てていくようにすること。その際、集団の生活の中で、子どもが自己を発揮し、保育士等や他の子どもに認められる体験をし、自分のよさや特徴に気付き、自信をもって行動できるようにすること。 ③ 子どもが互いに関わりを深め、協同して遊ぶようになるため、自ら行動する力を育てるとともに、他の子どもと試行錯誤しながら活動を展開する楽しさや共通の目的が実現する喜びを味わうことができるようにすること。 ④ 道徳性の芽生えを培うに当たっては、基本的な生活習慣の形成を図るとともに、子どもが他の子どもとの関わりの中で他人の存在に気付き、相手を尊重する気持ちをもって行動できるようにし、また、自然や身近な動植物に親しむことなどを通して豊かな心情が育つようにすること。特に、人に対する信頼感や思いやりの気持ちは、葛藤やつまずきをも体験し、それらを乗り越えることにより次第に芽生えてくることに配慮すること。 ⑤ 集団の生活を通して、子どもが人との関わりを深め、規範意識の芽生えが培われることを考慮し、子どもが保育士等との信頼関係に支えられて自己を発揮する中で、互いに思いを主張し、折り合いを付ける体験をし、きまりの必要性などに気付き、自分の気持ちを調整する力が育つようにすること。 ⑥ 高齢者をはじめ地域の人々などの自分の生活に関係の深いいろいろな人と触れ合い、自分の感情や意志を表現しながら共に楽しみ、共感し合う体験を通して、これらの人々などに親しみをもち、人と関わることの楽しさや人の役に立つ喜びを味わうことができるようにすること。また、生活を通して親や祖父母などの家族の愛情に気付き、家族を大切にしようとする気持ちが育つようにすること。
	環境	〔周囲の様々な環境に好奇心や探究心をもって関わり、それらを生活に取り入れていこうとする力を養う。〕 ① 身近な環境に親し	① 自然に触れて生活し、その大きさ、美しさ、不思議さなどに気付く。 ② 生活の中で、様々な物に触れ、その性質や仕組みに興味や関心をもつ。 ③ 季節により自然や人間の生活に変化のあることに気付く。	① 子どもが、遊びの中で周囲の環境と関わり、次第に周囲の世界に好奇心を抱き、その意味や操作の仕方に関心をもち、物事の法則性に気付き、自分なりに考えることができるようになる過程を大切にすること。また、他の子どもの考えなどに触れて新しい考えを生み出す喜びや楽

		ねらい	内容	内容の取扱い
3歳以上児の保育	環境	み、自然と触れ合う中で様々な事象に興味や関心をもつ。 ② 身近な環境に自分から関わり、発見を楽しんだり、考えたりし、それを生活に取り入れようとする。 ③ 身近な事象を見たり、考えたり、扱ったりする中で、物の性質や数量、文字などに対する感覚を豊かにする。	④ 自然などの身近な事象に関心をもち、取り入れて遊ぶ。 ⑤ 身近な動植物に親しみをもって接し、生命の尊さに気付き、いたわったり、大切にしたりする。 ⑥ 日常生活の中で、我が国や地域社会における様々な文化や伝統に親しむ。 ⑦ 身近な物を大切にする。 ⑧ 身近な物や遊具に興味をもって関わり、自分なりに比べたり、関連付けたりしながら考えたり、試したりして工夫して遊ぶ。 ⑨ 日常生活の中で数量や図形などに関心をもつ。 ⑩ 日常生活の中で簡単な標識や文字などに関心をもつ。 ⑪ 生活に関係の深い情報や施設などに興味や関心をもつ。 ⑫ 保育所内外の行事において国旗に親しむ。	しさを味わい、自分の考えをよりよいものにしようとする気持ちが育つようにすること。 ② 幼児期において自然のもつ意味は大きく、自然の大きさ、美しさ、不思議さなどに直接触れる体験を通して、子どもの心が安らぎ、豊かな感情、好奇心、思考力、表現力の基礎が培われることを踏まえ、子どもが自然との関わりを深めることができるよう工夫すること。 ③ 身近な事象や動植物に対する感動を伝え合い、共感し合うことなどを通して自分から関わろうとする意欲を育てるとともに、様々な関わり方を通してそれらに対する親しみや畏敬の念、生命を大切にする気持ち、公共心、探究心などが養われるようにすること。 ④ 文化や伝統に親しむ際には、正月や節句など我が国の伝統的な行事、国歌、唱歌、わらべうたや我が国の伝統的な遊びに親しんだり、異なる文化に触れる活動に親しんだりすることを通じて、社会とのつながりの意識や国際理解の意識の芽生えなどが養われるようにすること。 ⑤ 数量や文字などに関しては、日常生活の中で子ども自身の必要感に基づく体験を大切にし、数量や文字などに関する興味や関心、感覚が養われるようにすること。
	言葉	〔経験したことや考えたことなどを自分なりの言葉で表現し、相手の話す言葉を聞こうとする意欲や態度を育て、言葉に対する感覚や言葉で表現する力を養う。〕 ① 自分の気持ちを言葉で表現する楽しさを味わう。 ② 人の言葉や話などをよく聞き、自分の経験したことや考えたことを話し、伝え合う喜びを味わう。 ③ 日常生活に必要な言葉が分かるようになるとともに、絵本や物語などに親しみ、言葉に対する感覚を豊かにし、保育士等や友達と心を通わせる。	① 保育士等や友達の言葉や話に興味や関心をもち、親しみをもって聞いたり、話したりする。 ② したり、見たり、聞いたり、感じたり、考えたりなどしたことを自分なりに言葉で表現する。 ③ したいこと、してほしいことを言葉で表現したり、分からないことを尋ねたりする。 ④ 人の話を注意して聞き、相手に分かるように話す。 ⑤ 生活の中で必要な言葉が分かり、使う。 ⑥ 親しみをもって日常の挨拶をする。 ⑦ 生活の中で言葉の楽しさや美しさに気付く。 ⑧ いろいろな体験を通じてイメージや言葉を豊かにする。 ⑨ 絵本や物語などに親しみ、興味をもって聞き、想像をする楽しさを味わう。 ⑩ 日常生活の中で、文字などで伝える楽しさを味わう。	① 言葉は、身近な人に親しみをもって接し、自分の感情や意志などを伝え、それに相手が応答し、その言葉を聞くことを通して次第に獲得されていくものであることを考慮して、子どもが保育士等や他の子どもと関わることにより心を動かされるような体験をし、言葉を交わす喜びを味わえるようにすること。 ② 子どもが自分の思いを言葉で伝えるとともに、保育士等や他の子どもなどの話を興味をもって注意して聞くことを通して次第に話を理解するようになっていき、言葉による伝え合いができるようにすること。 ③ 絵本や物語などで、その内容と自分の経験とを結び付けたり、想像を巡らせたりするなど、楽しみを十分に味わうことによって、次第に豊かなイメージをもち、言葉に対する感覚が養われるようにすること。 ④ 子どもが生活の中で、言葉の響きやリズム、新しい言葉や表現などに触れ、これらを使う楽しさを味わえるようにすること。その際、絵本や物語に親しんだり、言葉遊びなどをしたりすることを通して、言葉が豊かになるようにすること。 ⑤ 子どもが日常生活の中で、文字などを使いながら思ったことや考えたことを伝える喜びや楽しさを味わい、文字に対する興味や関心をもつようにすること。
	表現	〔感じたことや考えたことを自分なりに表現することを通して、豊かな感性や表現する力を養い、創造性を豊かにする。〕 ① いろいろなものの	① 生活の中で様々な音、形、色、手触り、動きなどに気付いたり、感じたりするなどして楽しむ。 ② 生活の中で美しいものや心を動かす出来事に触れ、イメージを豊かにする。 ③ 様々な出来事の中で、感動したこと	① 豊かな感性は、身近な環境と十分に関わる中で美しいもの、優れたもの、心を動かす出来事などに出会い、そこから得た感動を他の子どもや保育士等と共有し、様々に表現することなどを通して養われるようにすること。その際、風の音や雨の音、身近にある草や花の形や色など自然の中にある音、形、色などに気付くように

参考資料

	領域	ねらい	内　　容	内　容　の　取　扱　い
3歳以上児の保育	表現	美しさなどに対する豊かな感性をもつ。 ② 感じたことや考えたことを自分なりに表現して楽しむ。 ③ 生活の中でイメージを豊かにし、様々な表現を楽しむ。	を伝え合う楽しさを味わう。 ④ 感じたこと、考えたことなどを音や動きなどで表現したり、自由にかいたり、つくったりなどする。 ⑤ いろいろな素材に親しみ、工夫して遊ぶ。 ⑥ 音楽に親しみ、歌を歌ったり、簡単なリズム楽器を使ったりなどする楽しさを味わう。 ⑦ かいたり、つくったりすることを楽しみ、遊びに使ったり、飾ったりなどする。 ⑧ 自分のイメージを動きや言葉などで表現したり、演じて遊んだりするなどの楽しさを味わう。	すること。 ② 子どもの自己表現は素朴な形で行われることが多いので、保育士等はそのような表現を受容し、子ども自身の表現しようとする意欲を受け止めて、子どもが生活の中で子どもらしい様々な表現を楽しむことができるようにすること。 ③ 生活経験や発達に応じ、自ら様々な表現を楽しみ、表現する意欲を十分に発揮させることができるように、遊具や用具などを整えたり、様々な素材や表現の仕方に親しんだり、他の子どもの表現に触れられるよう配慮したりし、表現する過程を大切にして自己表現を楽しめるように工夫すること。

索引

あ～お

ICIDH	168
ICF	168
愛着	68
遊び	83,106
…の特徴	108
…の必要性	106
遊びと学び	107
アプローチカリキュラム	11
安全な環境	19
生きる力の基礎	95
育成を目指す資質・能力	36
1号認定	157
1歳以上3歳未満児	19,29
…の保育	57
1歳児	19
一時預かり	157
一時預かり事業	140
異年齢	121
異年齢保育	63
イヤイヤ期	57
運動会	82
運動障害群	170
運動症群	170
延長保育	157,164
延長保育事業	157
延長保育事業実施要綱	158
応答的なかかわり	56
応用行動分析	170

か～こ

外国籍	183,190
加算的バイリンガリズム	188
課題分析	172
学校教育法	38
葛藤	20
活動制限	168
家庭及び地域社会との連携	31
家庭内暴力	130
カリキュラム・マネジメント	149
環境	29,94,109,181
…を通して行う教育	102
…を通して行う保育	94,104
環境因子	169
観察	176
機能障害	168
機能的アセスメント	173
虐待	130
教育	26,67
…に関わるねらい及び内容	17
教育基本法	38
教育的視点	68
教育的なかかわり	69
強化	172
強化子	172
行事	124
記録	176
倉橋惣三	39
グループワーク	131
限局性学習症	170
限局性学習障害	170
健康	29,109
行動のABC	171
国際障害分類	168
国際生活機能分類	168
5歳児	20
個人因子	169
子育て支援	130
子育て短期支援事業	140
個としての発達	118
言葉	29,109
子ども観	94
子ども・子育て会議	140
子ども・子育て支援新制度	157
子ども・子育て支援法	140
子ども食堂	142
子どもの最善の利益	80
子どもの主体性	80
コミュニケーション障害群	170
コミュニケーション症群	170
コミュニティワーク	131
5領域	29,71,108
こんにちは赤ちゃん事業	130

さ～そ

差別	180,183
参加制約	168
3号認定	157
3歳以上児	19,30,62
…の保育	58
3歳児	19
3歳未満児	62
参酌すべき基準	43
自我	19
思考力、判断力、表現力等の基礎	26
自己肯定感	16,20
自己主張	19
資質・能力	34
従うべき基準	43
児童虐待	130
指導計画	53,62,120
…の作成	97
児童福祉施設	2,38
児童福祉施設最低基準	39,42
児童福祉施設の設備及び運営に関する基準	42
児童福祉法	2,38
児童福祉法の一部を改正する法律等の公布について（通知）	50
自閉症スペクトラム障害	170
自閉スペクトラム症	170
社会情動的スキル	48
社会的不利	168
就学準備	189
集団	20
…としての発達	118
集団援助	131
集団生活	118
10の姿	34
主体	90
主体性	81
主体的な生活態度	144
主体的な存在	95
小1プロブレム	145
障害	168
小学校学習指導要領	76
小学校との接続	76,144
小学校との連携	31,77,144
情緒的な絆	18,56
情緒の安定	14,67
人的環境	95
健やかに伸び伸びと育つ	27
スタートカリキュラム	145
スモールステップ	173
生活機能	168
生活の連続性	127
生活リズム	164
精神疾患の診断・統計マニュアル第5版	170
生命の保持	14,67

0歳児 ……………………………………… 18
全身運動 …………………………………… 20
全体的な計画 ……………………………… 53
創造的な思考 ……………………………… 144

た〜と

待機児童 ……………………………………… 2
託児所 ……………………………………… 38
他の神経発達障害群 …………………… 170
他の神経発達症群 ……………………… 170
多文化共生 ……………………………… 180
短期的な指導計画 ………………………… 53
地域援助 ………………………………… 131
地域型保育給付 ………………………… 140
地域型保育事業 ………………………… 140
地域子育て支援 ………………………… 130
地域子育て支援拠点 …………………… 135
地域子育て支援拠点事業 ……………… 140
地域子ども・子育て支援事業 ………… 140
地域との連携 …………………………… 134
地域の子育て家庭 ……………………… 134
知識及び技能の基礎 ……………………… 26
知的能力障害群 ………………………… 170
注意欠如・多動症 ……………………… 170
注意欠如・多動性障害 ………………… 170
長期的な指導計画 ………………………… 53
長時間の保育 ……………………… 156,164
直接体験 ………………………………… 106
DV ……………………………………… 130
DSM-5 …………………………………… 170

な〜の

仲間関係 …………………………………… 20
名前のある遊び ………………………… 108
名前のない遊び ………………………… 108
二言語相互依存仮説 …………………… 188
2号認定 ………………………………… 157
2歳児 ……………………………………… 19
乳児家庭全戸訪問事業 ………………… 140
乳児期 ………………………………… 34,68
…の終わり ………………………………… 34
…の保育 …………………………………… 56
乳児 ………………………………………… 18
乳児保育 ……………………………… 18,27,71
乳幼児期 …………………………………… 52
人間関係 ……………………………… 29,109,181
認定こども園制度 ………………………… 24
能力障害 ………………………………… 168

は〜ほ

バイステックの7原則 ………………… 131
ハヴィガースト,R.J. ……………………… 60
育みたい資質・能力 …………… 11,34,54,71
発達 …………………………………… 52,118
…の遅れ ………………………………… 170
…の偏り ………………………………… 170
…の歪み ………………………………… 170
…の連続性 ……………………………… 127
発達課題 …………………………………… 61
発達過程 ……………………………… 53,118
発達過程区分 ……………………………… 40
発達障害 ………………………………… 170
発達障害者支援法 ……………………… 170
発表会 ……………………………………… 82
一人一人の子ども ………………………… 15
非認知的能力 ……………………… 48,146
表現 …………………………………… 29,109
病児保育事業 …………………………… 140
物的環境 …………………………………… 95
プレスクール …………………………… 189
フレネ学校 ………………………………… 91
プロジェクト活動 ………………………… 91
プロンプト ……………………………… 173
文化 ……………………………………… 180
ペアレントトレーニング ……………… 178
ペアレントプログラム ………………… 178
偏見 ……………………………………… 182
保育 ………………………………………… 6
…に欠ける児童 …………………………… 43
…の環境 …………………………………… 95
…の基本 …………………………………… 4
…の計画 …………………………………… 53
…の計画及び評価 ………………………… 53
…の全体構造 ……………………………… 6
…の内容 …………………………………… 7
…の二元化 ………………………………… 38
…のねらい ………………………………… 7
…の目標 …………………………………… 6
…を必要とする乳児・幼児 ……………… 43
保育士 ……………………………………… 4
…の役割 ……………………………… 4,96
保育士資格 ………………………………… 40
保育所 ……………………………………… 2
…の役割 …………………………… 2,67,94
保育所運営要領 …………………………… 39
保育所児童保育要録 …………………… 150
保育所保育指針 ………………… 4,22,39,66

…第1章（総則） ……………… 4,14,22,67
…第2章（保育の内容） …………… 7,26
…第3章（健康及び安全） …………… 16
…第4章（子育て支援） …………… 132
…の歴史的変遷 …………………………… 38
保育所保育指針解説 ……………………… 5
保育生活 ………………………………… 127
保育全般に関わる配慮事項 ……………… 31
保育内容 ………………………………… 120
保育要領 …………………………………… 38
「保育要領──幼児教育の手引き」 ……… 38
「保育を必要とする」と認定 ……………… 2
放課後児童健全育成事業 ……………… 140
保健的な環境 ……………………………… 19
母語 ……………………………………… 188
保護者 …………………………………… 130
…に対する保育に関する指導 ………… 131
保護者支援 ……………………………… 130
母文化 …………………………………… 188
保幼小接続 ……………………………… 148
保幼小接続カリキュラム ……………… 152

ま〜も

マイノリティ …………………………… 181
マズロー,A.H. ……………………………… 60
学びに向かう力,人間性等 ……………… 26
学びの連続性 ……………………………… 36
身近な人と気持ちが通じ合う …………… 27
身近なものと関わり感性が育つ ………… 28
3つの視点 …………………………… 27,56,71
見栄え …………………………………… 82

や〜よ

夜間保育 ………………………………… 159
夜間保育事業実施要綱 ………………… 159
夜間保育所 ……………………………… 160
夜間保育所の設置認可等について（通知）
 ………………………………………… 160
養護 …………………………………… 5,22,67
…に関わるねらい及び内容 …………… 14,22
…の理念 ……………………………… 14,22,67
養護的なかかわり ………………………… 68
養護と教育 …………………………… 17,66
…が一体となった保育 …………………… 76
…の一体性 ………………………………… 5
幼児期 …………………………………… 34,69
…において育みたい資質・能力 ………… 27
…の終わり ………………………………… 34

…の終わりまでに育ってほしい姿 …………………… 11,34,54,71,148
幼児教育 ……………………… 27,49
…を行う施設として共有すべき事項 …… 34
幼児の楽しい経験 12 項目 …………… 39
幼稚園 ……………………… 23,38
幼稚園教育要領 ……………… 23,39,102,126
幼稚園と保育所との関係について（通知）
……………………………… 43
幼保連携型認定こども園 …………… 22
幼保連携型認定こども園教育・保育要領
……………………………… 22,102
欲求階層説 ………………… 60
4 歳児 ……………………… 20

ら～ろ

レッジョ・エミリア …………… 91
6 歳児 ……………………… 20

新・基本保育シリーズ

【企画委員一覧】(五十音順)

◎ 委員長　○ 副委員長

相澤　仁(あいざわ・まさし)	大分大学教授、元厚生労働省児童福祉専門官
天野珠路(あまの・たまじ)	鶴見大学短期大学部教授、元厚生労働省保育指導専門官
石川昭義(いしかわ・あきよし)	仁愛大学教授
近喰晴子(こんじき・はるこ)	東京教育専門学校専任講師、秋草学園短期大学特任教授
清水益治(しみず・ますはる)	帝塚山大学教授
新保幸男(しんぽ・ゆきお)	神奈川県立保健福祉大学教授
千葉武夫(ちば・たけお)	聖和短期大学学長
寺田清美(てらだ・きよみ)	東京成徳短期大学教授
◎西村重稀(にしむら・しげき)	仁愛大学名誉教授、元厚生省保育指導専門官
○松原康雄(まつばら・やすお)	明治学院大学学長
矢藤誠慈郎(やとう・せいじろう)	岡崎女子大学教授

(2018年12月1日現在)

【編集・執筆者一覧】

編集

石川昭義(いしかわ・あきよし)	仁愛大学教授	
松川恵子(まつかわ・けいこ)	仁愛女子短期大学教授	

執筆者(五十音順)

綾野鈴子(あやの・すずこ)	共立女子大学助教	第9講
石井章仁(いしい・あきひと)	千葉明徳短期大学教授	第11講
石川昭義(いしかわ・あきよし)	(前掲)	第1講・第13講
内田千春(うちだ・ちはる)	東洋大学教授	第15講
小笠原文孝(おがさわら・ふみたか)	社会福祉法人顕真会理事長	第13講COLUMN
岸井慶子(きしい・けいこ)	東京家政大学教授	第7講
小泉裕子(こいずみ・ゆうこ)	鎌倉女子大学教授	第4講
齊藤弘子(さいとう・ひろこ)	福井大学教育学部附属幼稚園副園長	第12講
楯　誠(たて・まこと)	名古屋経済大学教授	第14講
西村美佳(にしむら・みか)	名古屋学芸大学准教授	第2講
開　仁志(ひらき・ひとし)	金沢星稜大学教授	第8講
松尾寛子(まつお・ひろこ)	神戸常盤大学准教授	第6講
松川恵子(まつかわ・けいこ)	(前掲)	第2講・第3講・第13講
溝口武史(みぞくち・たけし)	横浜創英大学教授	第10講
三宅茂夫(みやけ・しげお)	神戸女子大学教授	第5講

協力

第13講…森尾恵里(福井市子育て支援室)／前田敬四郎(エールこども園)／柴田菜杏(エールこども園)

保育内容総論
新・基本保育シリーズ⑭

2019年2月20日　初　版　発　行
2024年2月10日　初版第2刷発行

監　修	公益財団法人 児童育成協会
編　集	石川昭義・松川恵子
発行者	荘村明彦
発行所	中央法規出版株式会社
	〒110-0016 東京都台東区台東3-29-1　中央法規ビル
	Tel 03(3834)5817
	https://www.chuohoki.co.jp/
印刷・製本	株式会社アルキャスト
装　幀	甲賀友章(Magic-room Boys)
カバーイラスト	O・たかよし(社会福祉法人 草笛の会 絵画療育教室)
本文デザイン	タイプフェイス
本文イラスト	小牧良次(イオジン)

定価はカバーに表示してあります。
ISBN978-4-8058-5794-6

本書のコピー、スキャン、デジタル化等の無断複製は、著作権法上での例外を除き禁じられています。また、本書を代行業者等の第三者に依頼してコピー、スキャン、デジタル化することは、たとえ個人や家庭内での利用であっても著作権法違反です。
落丁本・乱丁本はお取替えいたします。
本書の内容に関するご質問については、下記URLから「お問い合わせフォーム」にご入力いただきますようお願いいたします。
https://www.chuohoki.co.jp/contact/